国語授業の改革 20

国語の授業で「対話的な学び」を最大限に生かす

対話的な学びこそが「深い学び」を生み「言葉による見方・考え方」を育てる

「読み」の授業研究会 編

学文社

はじめに

学習指導要領では「主体的・対話的で深い学び」が重視されています。本号では、その中の特に「対話的な学び」を特集しました。国語科についていえば「対話的な学び」によって「深い学び」を実現し、「言葉による見方・考え方」を鍛えていくということのようです。

しかし、そのためにどういう「対話的な学び」が必要なのかについては十分な説明がありません。国語科における「深い学び」とは何か、「言葉による見方・考え方」とは何かについての明快な説明も見当たりません。

そこで本号では「国語の授業で『対話的な学び』を最大限に生かす」を特集し、それらのことを解明しようと考えました。国語の授業で求められる「対話的な学び」とはどういうものか。「対話的な学び」がどのように「深い学び」を生み出すか。それがどのように「言葉による見方・考え方」を鍛えるのかを解明しました。

第Ⅰ章では、阿部の論考に続き、物語・小説、古典、説明文・論説文の授業で「対話的な学び」を最大限に生かすための方法を提案しました。第Ⅱ章では、それとの関わりで「対話的な学び」を成功させるための国語の授業づくりのコツを示しました。第Ⅲ章では「対話的な学び」を最大限に生かした物語「白いぼうし」の授業を紹介しました。そして第Ⅳ章では、気鋭の研究者にさまざまな角度から「対話的な学び」を生かすための方略について論じていただきました。

『国語授業の改革』には、その名のとおり国語の授業を改革するための切り口がたくさんあります。多くの先生方、研究者の方々に読んでいただき、ご意見・ご批判をいただきたいと思います。

二〇二一年八月

読み研代表　阿部　昇（秋田大学）

目次

Ⅴ　国語の授業で「対話的な学び」を最大限に生かすための6冊―読書案内

Ⅵ　連載・教材研究のポイント

【問題提起】

1　「対話的な学び」こそが高次の言語能力を育てることができる
――教材研究力・目標設定力と「対話的な学び」との関係を探りつつ

阿部　昇（秋田大学）

1　「個別最適な学び」と「協働的な学び」についての検討

二〇二一年一月に中央教育審議会が「『令和の日本型学校教育』の構築を目指して～全ての子供たちの可能性を引き出す、個別最適な学びと協働的な学びの実現～」を答申した。特に次の記述が目を引く。

「個に応じた指導」を学習者視点から整理した概念である「個別最適な学び」と、これまでも「日本型学校教育」において重視されてきた、「協働的な学び」とを一体的に充実することを目指している。

この答申の最大の問題は、「個別最適な学び」と「協働的な学び」を「一体的に充実」と言っているものの、どのように「一体的に」充実させたらよいかについての具体的な記述がほとんどないことである。「個別最適な学び」を是非前面に出したい。だからと言ってこれまで重視と言ってきた「協働的な学び」を引っ込めるわけにもいかない。だからなんとか「一体的に充実」という魔法の言葉で同居させようとしているとも思える。

もう一つの問題点は、「協働的な学び」が子どもたちの能力・学力向上にどうつながるかの記述が極めて弱いことである。「『協働的な学び』により児童生徒の個性を生かしながら社会性を育む教育を充実すること」とか「多様性を尊重する態度や互いのよさを生かして協働する力」などの記述がある。「社会性を育む」「多様性を尊重する」と言った要素は、各教科の授業における学力育成という側面ではなく、教科外の能力育成という側面が強い。また「あらゆる他者を価値のある存在として尊重し、多様な人々と協働しながら様々な社会的変化を乗り越え、豊かな人生を切り拓き、持続可能な社会の創り手となることができるよう」ともある。「協働」によって子どもたちにより質の高い学力を育てるという観点というより、「協働」によって「社会的変化を乗り越え」る、「豊かな人生を切り拓」く、「持続可能な社会の創り手となる」という要素が強調されている。

義務教育についての記述では「児童生徒同士の学び合いや、多様な他者と協働して主体的に課題を解決しようとする探究的な学び、様々な体験活動（中略）を通じ、（中略）地域の構成員の一人としての意識が育まれている。」とある。ここでも高い学力を育てるための「協働」ではなく、「地域の構成員の一人としての意識」に限定されている。

「『個別最適な学び』が『孤立した学び』に陥らないよう」「必要な資質・能力を育成する『協働的な学び』を充実することも重要」ともある。「『個別最適な学び』が『孤立した学び』に陥らないよう」にするために「協働的な学び」で補完するというニュアンスが読みとれる。

仮に「個別最適な学び」が必要だとしても、それは「協働的な学び」という基本的な教育方法を支え高める位置づけにすべきものである。「個別最適な学び」ありきではない。「協働的な学び」とりわけ子どもたち相互の対話を軸とした授業展開こそがまずは必要である。「協働的な学び」の中で核となるのが「対話的な学び」である。それを授業の柱としていくことが今求められている。

ただし「協働的な学び」によって能力を育てるという要素が全くないわけでもない。「資質・能力を育成する『協働的な学び』を充実することも重要」という記述は確かにある。ただし、やはり具体的にどういう「協働」によって各教科の学力を育てていくのかについての記述は答申中に見当たらない。

従来の学びの在り方では限界がきている。もっと高次の学びに転換していく必要がある。そのためには子どもが相互に対話していく学びが必須であるということから、「協働的な学び」が位置づけられているはずである。しかし、答申からはそのことが読みとれない。

2　「対話的な学び」こそこれからの教育方法の主流となる―さまざまな教育方法との差異を検討する

授業には、さまざまな指導方法がある。教師が一方的に話をしていく「講義型授業」、講義の中に一部個人指名や挙手指名による問答を挟む「問答型授業」、また、一人一人が学んでいく「個別型授業」もある。そして、本稿で検討していく「対話型授業（対話的な学び）」がある。いずれも教育方法として意味がある。丁寧でわかりやすい講義型が必要な場合もある。そこに一部問答を挟む問答型も有効である。補充的学習や発展的学習などで個別型が有効な場合もある。

しかし、これからの授業で核となるのは、間違いなく対話型である。豊かな対話こそが、深い学びを生み出し高い学力・能力を育てる。それはアクティブ・ラーニングであり探究型授業である。国語科では対話型こそが高次の言語能力を子どもたちに保障する。その能力は、学習指導要領・国語で示されている「言葉による見方・考え方」と重なる。対話こそが、これからの授業の主流となるべきものである。[1] 以下その根拠を述べていく。（本稿では「対話型授業」は「対話的な学び」と呼ぶ。）

（1）内言の外言化を飛躍的に促進する

対話は子どもたちの外言化を飛躍的に促進する。また、異質な意見に出会わせ、思考を揺さぶる。そして、異質な意見をめぐって討論することで弁証法的な発見を生み出し子どもたちを飛躍させていく。

まず、内言の外言化である。私たちは内言と外言を駆使しつつ思考を展開している。外言は、私たちが普通に使っている話したり書いたりする際の言語である。それに対し内言は、自分一人で思考する際に使う言語である。日本語を第一言語とする者であれば、外言も内言も日本語によって成立している。しかし、その構造が少し違う。

内言は、たいへん速度が速い。外言を大きく省略し、短縮することによってその高速が実現している。そこでは主語・述語・修飾語の中の述語だけが展開される。主語と修飾語は自分には当然の前提なので省略できる。また、自分にとって自明の前提となる事柄や概念等も、思考展開ではとりあえず棚上げする。

さらに長い概念は短縮する。たとえば私の現在の身分である「秋田大学大学院教育学研究科教職実践専攻特別教授」などの長い概念をそのまま内言として思考に使っていたら効率が悪い。だから内言で使う場合は、コンピュータの短縮言語のように短縮して使う。

省略や短縮が多いから、私たちの思考はかなりの速度で展開できる。予測しない事態に咄嗟に反応できるのは、内言が極めて速く思考し判断し対応するからである。

ただし、欠点もある。意識化が弱くなる。ヴィゴツキーは、内言を「自分のための言語」と言っているが、それは自分にとって有用であればよい。しかし、それを自分以外の人に話したり、文字に書いたりする場合には、内言はそのままでは外言として通じない。

そこで、話す相手や読む対象にわかるように、省略されていた主語・述語は復活させ、自らにとっては自明の前提も棚から下ろし明示化する。もちろん短縮も元に戻す。さらに話す（書く）順番、文と文の関係、語句と語句の関係（概念と概念の関係）等を、構築し直さないといけない。つまりは思考の「再構築」が必要となる。[2]

内言を他者に理解できる外言として再構築することは大人でも難しい。まして子どもにとって内言の外言化は容易ではない。

授業中に手を挙げて発言しようとすると、どう話していいかわからなくなるのはこのためである。内言の外言化は考えている以上に難しい。しかし、この難しい再構築の過程こそが子どもには重要である。友だちからの助言や教師の助言によって少しずつ内言に外言化ができるようになってくる。そして、その再構築の過程で子どもたちの思考が本物の思考になる。つまりはそれにより学びの質が上がっていく。

「話しているうちに自分が何を言いたいのかわかった。」「書いているうちに自分が何を訴えたかったのか見えてきた。」ということが起こるのはそのためである。思考・判断などを、誰かに話す、説明する、対話する、討論する、書くという内言の外言化の過程で、子どもは自らの学びを意識化できる。この過程は、話す際にも書く際にも生じる。ただし、初めから「書く」ことによる外言化を求めることは子どもにはハードルが高い。まずは話す・対話することによる外言化からである。すべての子どもが授業中に発言し対話することは、この再構築過程の保障という意味で重要である。

対話的な学びでは、この外言化の機会が飛躍的に増える。特に少人数のグループを生かすことで、ほぼすべての子どもたちが内言を外言化する機会を得ることになる。これは講義型、問答型、個別型の授業では十分に保障できない。対話的な学びでこそ保障できる。

（2）異質な他者との出会い

対話的な学びには、異質な見方との出会いというすばらしさがある。異質な他者との出会いでもある。多様で異質な見方に出会うことで、自分では気づかなかった見方を子どもは知る。様々な角度から対象を見ることもできる。異質な見方を生み出した方法を学ぶこともできる。そして異質性が強く反応することで、意外で新たな発見を生み出すこともある。

この異質性も外言化が前提となる。断片的でも整理されたレベルでも、外言化があるからこそ対話が生まれ異質な意見・見方が顕在化する。

異質性にはさまざまな形、さまざまなレベルがある。まず、グループなどで「自分はこう考える」を互いに出し合う段階である。互いに「そういう見方もあるか」と学んでいく。それ自体に意味がある。が、そこではまだ異質性相互が十分に絡み合ってはいない。

それが、「なるほど、そういう見方もあるのか」「面白い見方だな」と互いの見方を承認し、良さを認め合うものに発展する。これは絡み合いの端緒である。たとえば『おくのほそ道』の「閑かさや岩にしみ入る蟬の声」について、友だちが「自分が自然と一体になっているから蟬の声がうるさくない」と発言したことを聞くことによって、「自然と一体」といった捉え方・見方を学ぶ。外言化としての表現の方法を学び、その価値を感じている段階である。

次は異質性がさらに深く絡み合う段階である。「その見方は自分の見方と比べてどう違うのだろう」「そうだとすると、こういう見方もできるかもしれない」「その見方とさっきの見方は似ている」といった思考が生まれる。「その見方の根拠は何か」「どこに着目するとそういう見方ができるのか」などという問いも生まれる。

そして、「その見方にはなぜか違和感がある」「自分はその見方が理解できない」「その見方に反対だ」という状態になっていくこともある。異質な見解、解釈、根拠、理由、解き方、主張などの交わり合い・ぶつかり合いである。それがこの後述べる討論につながる。異質性のさらなる発展である。

(3) 相互誘発、相互連鎖、討論

集団による思考の良さは、異質な見方から学ぶだけではない。集団による思考は、一人での思考に比べ、複数の見方が構造的に組み合わされ新たな見方を生み出す。ある見方が次の見方を誘発し、連鎖してまた別の見方を生み出す。ここには、模倣・類推・関係づけ・文脈化・総合などが含まれる。

ここには、二つの誘発がある。一つには、出された見方が、直接に新しい見方・意見を誘発する場合である。二つには、出された見方を聞いて、その見方を生み出すに至る方法や考え方を類推していく誘発である。

相互誘発型・相互連鎖型の思考の創造である。

異質な見方が対立し相互に納得できない場合もある。その場合は、討論の中で対象を再検討する。相互に納得できないと言うと、一見否定的に感じられるが、それは全く逆で相互に納得できない異質性こそが新しい見方や発見を生み出す。結果として一方が一方に納得するという場合であっても、結局相互に納得できないままであっても、その討論の過程そのものが創造的なのである。

討論が互いの中に試行錯誤を生み出す。相互批判を生かした推理・検証等によって、それまで見えていなかった発見が生まれる。また、相違し対立する見解を生かして討論を展開することで、自らの見解の問い直し、相手の見解の再吟味が必要となる。また、討論の中で曖昧であった点がクリアになってくる。今まで視野に入れていなかった部分に着目する必要が生まれてくることもある。新しいリサーチの必要性が見えてくることもある。それらの過程で討論以前には見えていなかった対象の新たな側面・新たな要素が見えてくることがある。

小説の構造上のクライマックスはどこかをめぐる討論でも、形象・技法の読みでどの解釈こそが重要であるかをめぐる討論でも、作品の評価をめぐる討論でも、新しい発見が生まれる。説明的文章の論理関係をめぐる討論でも、文章の問題点を批判的に読み拓く討論でも、創造的な見方が生まれる。

こういった討論こそ対話の中でも特に創造性が高い。子どもたちが国語の授業で当たり前に討論できる状況を創り出す必要がある。それも、子どもたちが討論を楽しみ、新しい見方が生まれたことを高く評価するという価値観を共有できるようにすることが大切である。それ

は丁寧で戦略的な教師の指導があってこそ可能となる。

そして、この過程は教師集団による共同研究でも生まれる。まず教師自身が、討論が新しい見方・より深い見方を生み出すことを経験しておくことが重要である。

これは、人類の最も最先端の認識方法の一つである弁証法とつながる。「正・反・合」あるいは「定立・反定立・総合」を通した「矛盾の止揚」と説明されることが多い。それにより高次の思考が展開される。これは一度で終わらない。「合」「総合」はまた新たな「反」「反総合」を生み出すし、さらに高次の認識を見いだしていく。授業でもこれと似たことが起こる。特に対話的学びでそれが確かにより多く生まれる。

弁証法的思考の創造である。これも講義型、問答型、個別型の授業では十分に実現できない。対話的な学びでこそ保障できるものである。

(4) 秋田県の教育と「対話的な学び」

対話的な学びの有効性は、教育先進県と言われる秋田県で広く証明されている。秋田県では二〇年以上前から話し合い・意見交換を重視した探究型授業が各教科で広く行われてきた。小学校・中学校はもちろん、最近では高等学校でも展開されてきている。典型的な対話的な学びである。そして、それが結果として全国学力・学習状況調査の好結果にもつながっている。

二〇一九年の全国学力・学習状況調査では秋田県は国語で小中ともに全国トップであったが、その要因の一つが秋田県の探究型授業にある。事実、児童・生徒質問紙中の「学級の友達との間で（中学校は「生徒の間で」）話し合う活動を通じて、自分の考えを深めたり広げたりすることができていると思いますか。」に「そのとおり」と答えた秋田県の子どもの割合は、全国平均に比べて小学校で約一四ポイント、中学校で約一八ポイント高かった。有意に差がある。

これは、二〇一九年だけでなく、実は二〇〇七年の第一回調査の時から継続する傾向である。現在は、A問題とB問題を区別していないが、特に秋田県の子どもたちはいわゆる活用型のB問題で全国を大きく上回ってきた。無回答率も極めて低い。それが「話し合う活動を通じて、自分の考えを深めたり広げたりすること」つまり対話的な学びと相関がある可能性は極めて高い。

3 「対話的な学び」を豊かに展開するための方略

その1―教材研究力

「対話的な学び」は、しかし教師にとってそれなりの難しさを伴う。既に述べた講義型、問答型などと比べ、対話型は展開が難しい。しかし、次の二つの要素を意識することで対話的な学びの質は確実に上がる。

教材研究力
目標設定力

これらについて本節3と次節4で考えていく。

(1) 教材研究の深さ豊かさが「対話」の指導に生きる

まず、教材研究力からである。

対話的な学びの必要性はなんとなくわかる。学習指導要領でも「対話的な学び」を重視している。しかし、どのように「対話的な学び」を指導したらよいかよくわからない。――という教師も少なくないはずである。

ちょっとした子ども同士のやりとりまでは指導できても、それ以上は深まらない。また、一部の子どもたちだけの対話は瞬間的に成立するのだが、学級全体にそれが広がっていかないなどという場合も多い。

秋田県で多く行われている典型的な対話型授業である探究型授業について、他県の教師から「秋田県の学校で行われている探究型のとおりに授業をやってみたが、同じように対話が盛り上がらない」という声を聞くことがある。これは、形式だけの「探究型」に陥り、その対話の過程が探究になっていないことによる。

それは、検討過程を教師自身が具体的にイメージできないままかたちだけの「探究」を指導することによる。

全国の教師に話を聞くと、探究の具体的なイメージをもたないままに「学習課題」→「話し合い」とかたちだけ授業を進めている場合が多いことがわかってくる。かたちだけの「対話」である。

子どもたちからこういう意見が出てくる。子どもたちからこんな疑問が出てくる。子どもたちはここでつまずく。こういう対話の中でこのような意見の相違が生まれてくる。それを生かしながら教師の指導でさらに新しい対話に発展させていく。さらに子どもたちからこういう気づきが出てくる。それを教師がさらにゆさぶる。――などの予想や具体的な対話イメージがほとんどないままに授業に臨んでいる。だから、対話が広がり高まっていかない。

それらについて教師が具体的なイメージをもって授業に臨めば「対話的学び」が豊かなものになる。対話的な学びを最大限に生かす学習課題の設定、発問・助言・説明・評価など指導言の準備にも切れ味が出てくる。

教師が対話的な学びをイメージできない一つの理由は、教師自身がそれまで対話が生き生きと展開されているような場に居合わせたことがないことにある。そういう中で豊かな対話をイメージすることなどできない。豊かな対話が展開されるような場に教師自らが参加する。あるいは豊かな対話が展開されている授業を数多く見ることが大切である。

ただし、自らがそういう経験を積み重ね、また授業を多く見るだけでは足りない。

その鍵は教師の教材研究にある。教師（集団）が教材研究を深く豊かに行うことで、かなり対話のイメージは形成されてくる。深く豊かな教材研究は、一人で行う場合でも集団で行う場合でも、必ず試行錯誤や再検討、問い直しが多く展開される。すんなりと深く豊かな研究ができる場合はほとんどない。ここでは、「2」で述べたような質の高い内言の外言化が生まれ、異質性が顕在化し、相互誘発・相互連鎖が生まれている。そして弁証法的な追究が展開される。そういった教師（集団）の教材研究の過程が、授業での子どもたちの対話の具体的な姿につながっていく。

もちろん教師（集団）の検討過程がそのまま授業になるわけではない。教師（集団）が行った教材研究がすべて授業で取り上げられるわけでもない。子どもたちの発達段階を考慮しながらの取捨選択は、当然必要である。また、学習課題や発問の工夫、丁寧な助言や援助も必要である。

しかし、本質においては教師（集団）の試行錯誤・検討過程が、多くの場合子どもたちの豊かな対話過程と重なる部分は多い。

教材研究が深く豊かになる中で、子どもたちにどういう対話を行わせたらよいかのイメージがかなりの程度見えてくる。対話的な学び展開の一つ目の鍵は、教材研究力にある。豊かな教材研究が発見のある深い対話を生み出す。

（2）「少年の日の思い出」の教材研究と「対話的学び」

「少年の日の思い出」（H・ヘッセ）を例に考えてみる。事前研究をすると、「少年の日の思い出」のクライマックスについて、次の二カ所で教師（集団）自身が迷うことがしばしばある。試行錯誤しながら教師（集団）が解明する中で、対話的な学びのイメージが浮かび上がってくる。

一つ目は、「僕」がエーミールにクジャクヤママユを台無しにしてしまったのが自分であることを告げに行く部分である。「僕」が謝罪しても「おもちゃをみんなやる」と言っても「ちょうの収集を全部やる」と言っても、エーミールは「冷淡に構え」「軽蔑的に見つめ」ながら「結構だよ。」と拒否する。その直後の場面である。(3)

その瞬間、僕はすんでのところであいつの喉笛に飛びかかるところだった。もうどうにもしようがなかった。僕は悪漢だということに決まってしまい、エーミールは、まるで世界のおきてを代表でもするかのように、冷然と、正義を盾に、あなどるように僕の前に立っていた。彼は罵りさえしなかった。ただ僕を眺めて、軽蔑していた。A

二つ目は、「僕」がエーミールの家から立ち去り、自分の家に戻ってきた後の箇所である。「僕」は自分の家に戻り、自分が収集した蝶の標本を、一つ一つ押しつぶす。

だが、その前に、僕は、そっと食堂に行って、大きなとび色の厚紙の箱を取ってき、それを寝台の上にのせ、闇の中で開いた。そして、ちょうを一つ一つ取り出し、指で粉々に押しつぶしてしまった。B

いずれも重要な事件の節目であり、クライマックス的な場面である。その中でもこの作品の主要な事件の決定的な箇所はどこかについて豊かな対話が展開できれば、授業における子どもの対話も豊かになっていく。もちろん教材研究がそのまま授業になるわけではないから、発問、助言等を丁寧に準備するのだが、子どもたちの対話のイメージはかなりの程度もつことができる。

この二つは、これらの場面だけを見ていても突破口は見つからない。作品の前に戻りつつ作品の事件全体がどういう要素によって成立しているかを解明することで、自然と絞られてくる。「伏線」への着目である。

ここでは主要な事件をどう捉えるかが重要である。「僕」とエーミールとの関わりを主要と見るか、「僕」と蝶集めとの関わりを主要と見るかである。この作品の主要な事件は、「僕」と蝶集めである。「僕」にとっての蝶への「熱情」そのものが事件を中心的に構成していると も言い換えられる。展開部から繰り返し述べられているのは、「僕」がいかに蝶集めに「熱情」を感じ、「とりこ」になっていたかである。「むさぼるような、うっとりとした感じ」「息もつまりそう」「緊張と歓喜」「微妙な喜びと、激しい欲望」などが繰り返し述べられる。十二歳になっても、その熱情はまだ絶頂にある。クジャクヤママユを見た際も「四つの大きな不思議な斑点が、挿絵のよりはずっと美しく、ずっとすばらしく、僕を見つめた。」と描写される。自分がクジャクヤママユを台無しにしたことをエーミールに告げに行った場面も、「僕」のその熱情はそれまでと全く変わっていない。だから「僕」はエーミールに「飛びかか」ろうと思う。

エーミールとの関わり、エーミールとのクジャクヤママユをめぐる関わりも重要な構成要素である。しかし、Bの自分の標本をつぶす箇所は、「僕」がこれまで一番大切にしていたものを壊し、それと決別していくというものである。エーミールとの関係は重要ではあるが、それは「僕」が蝶集めと決別していく過程の中の一つの出来事である。また、Aの「僕はすんでのところであいつの喉笛に飛びかかるところだった。」では、まだ蝶に「熱情」を感じている「僕」の延長線上にある。だから、クライマックスはBである。

この作品では「僕」が「熱情」を傾け「とりこ」になっていた蝶の収集をやめることに決定的な意味がある。

右のように教師集団が、対話によって教材研究の深まりを実現していれば、自然と授業の対話のイメージが見えてくる。教師一人の教材研究でも、自己内対話を重ねながら右のような教材研究をすることで、対話的な学びの過程をかなりの程度イメージできる。そのための発問や助言、ゆさぶりなどをより具体的に準備できる。

もちろん授業はライブだから予想どおりにならないことはしばしばある。揺れや予想外のこともある。しかし、教材研究が深く豊かであれば、十分に対応できる。

教師自身の教材研究の試行錯誤、対話過程の中にこそ、豊かな対話的な学びの鍵が潜む。

4 「対話的な学び」を豊かに展開するための方略

その2―目標設定力

国語の授業の中で対話がいくら展開されたとしても、その対話によって何が明らかになっていくのかの想定が曖昧だと、容易に活動主義に陥る。「活動あって学びなし」という状況である。そして、それは「何のための対話か」という問いにつながっていく。

何のための対話か。それは、子どもたちにより高い言語の能力を育てるための対話である。

対話は、それによって授業が活性化するから、子どもたちが生き生きと発言し出すからよいというレベルで捉えているうちは、子どもたちに高い言語の能力を保障することはできない。対話によってどういう探究が展開され、何を明らかにしていくのかが明確であることが求められる。と同時に、それによってどういう言語の力を育てるのかを強く意識する必要がある。

つまりは単元や本時の目標の設定である。言い換えれば国語科で子どもたちに保障すべき教科内容である。子どもたちに身につけさせる言語能力の内実とも言える。

しかし、これまで国語科教育では、この肝心の教科内容が曖昧なまま放置されてきた。ここに具体性・切れ味がないと、容易に「活動あって学び」なしに至る。

(1) 国語授業の目標(=教科内容)の曖昧性

たとえば「登場人物の心情を読む。」などの目標を見ることがあるが、こういう目標ではその授業でどういう対話が生まれ、どういう言語能力が育つのかが全く見えてこない。それは指導案レベルで見えないだけでなく、実際の授業もそのとおりのものとなる可能性が高い。

他にもたとえば「物語の展開の仕方をとらえる。」「物語の主題について意見を出し合いみんなで話し合う。」「『海の命』の主題について多面的に考える。」「DNAがどのように生活に生かされているか正確に理解する。」「文章に表れているものの見方・考え方について考えていく。」なども曖昧で到達点の見えてこない目標である。

目標は、その単元、その授業で是非子どもたちに身につけさせたい国語の力である。是非身につけさせたい教科内容である。それをめざして単元全体を構築し、それをめざして授業で対話を展開させていく。

これまで国語科教育は言語教育としての役割を十分

に果たしてこなかった。それは一九〇〇（明治三三）年に「国語」という教科が成立した時点で、その役割として言語教育と同時に道徳教育の要素が与えられたことにルーツがある。そこでは国語は「智徳を啓發」すべきとなっている。[4] それ以来、多くの教師の「善意」によって国語の授業の多くで事実上道徳教育が行われていた。と同時に言語の教育という要素が二の次にされてきた。

だから、いくら対話的な学びが展開されても、言語の力をつけられない国語の授業に陥る危険は、どの地域でも、どの校種でもどの学年でも簡単に生まれる。

その影響もあって日本の国語科教育では、小学校六年間、中学校三年間、高等学校三年間の国語の授業でどういう言語の能力を子どもたちに身につけさせていくかについての明確な見解が存在しない。

(2) 学習指導要領の教科「内容」を検討する

学習指導要領・国語には教科「内容」が示されている。しかし、それにはまだ不十分な点が多い。何よりその要素に欠落が多い。そして、どれも抽象的である。体系性も系統性も極めて弱い。どういう国語の力をつけていけばいいかがクリアに見えない。だから、それを単元・授業の目標としていくことには困難が伴う。たとえば「読むこと」については次のような記述がある。

（A・Bは阿部による[5]）

ウ　目的を意識して，中心となる語や文を見付けて要約すること。（小3・4）A

エ　人物像や物語などの全体像を具体的に想像したり、表現の効果を考えたりすること。（小5・6）B

いずれも国語の力として大事そうにも見えるが、具体的にどういう力をつけていくのかがよく見えてこない。

Aの「中心となる語や文を見付け」ること自体は妥当である。しかし、それは「要約」を得るためだけでよいのかという疑問が生じる。「中心となる語や文を見付け」ることで、それ以外の語や文との関係性＝論理関係を把握していくことこそが重要なはずである。それが把握できれば、どういう工夫・仕掛けで説明したり説得したりしているかが見えてくる。それは文章の評価にもつながる。しかし、この記述だと要約が自己目的化する。

また、「中心となる」要素を重視するなら「中心となる語や文」だけでなく「中心となる段落」への着目も大切なはずである。そこに着目すれば中心的な段落とそれ以外の段落の論理関係を把握することができる。

それらの論理関係の把握によって、その文章の説明の特徴や工夫などが見えてくる。逆に不十分さも発見できる。しかし、そこまで踏み込んだ記述になっていない。

Bの物語の「全体像」の把握も「表現の効果」を考えることも重要な要素である。ただし、まず気になるのは「具体的に想像」する対象が「全体像」という点である。全体像は俯瞰的に把握するものであって「具体的に想像」とは言われても、どうすればいいのかとまどうばかりである。「具体的に想像」するのであれば、事件が大きく発展した箇所や人物の描写が丁寧に書かれている特定の箇所のはずである。ちぐはぐな記述と言わざるをえない。

「表現の効果」についても、実際にどのように効果を学ばせていけばいいのかは見えない。解説国語編に記述はあるが「感動やユーモアなどを生み出す優れた叙述」「暗示性の高い表現」程度の記述しかない[6]。これらの「表現の効果」をどう読み深めるのか、そのためにどういう読みの方法が必要なのかは不明のままである。

「表現の効果」にかかわって学習指導要領・国語（小5・小6）の「知識及び技能」に「比喩や反復などの表現の工夫に気付くこと。」がある[7]。中1にも近い記述がある。このこと自体は歓迎すべきことだが、それらの技法を生かしてどのように読みを深めるのかは全く見えない。解説国語編には「『まるで〜ようだ』などのようにたとえであることを示す語句を伴う直喩や、そのような語句を用いない隠喩」とあるだけである[8]。これだと授業では何を喩えているか確かめ「直喩には『〜ようだ』があるが、隠喩にはない」という学習で終わる可能性が高い。それでは「言葉による見方・考え方」を鍛えることはできない。直喩表現と隠喩表現の表現性の差異をこそ学ばせる必要がある。（これについては拙著『増補改訂版 国語力をつける物語・小説の「読み」の授業』を参照願いたい[9]。）

一昔前の学習指導要領よりは内容として一定の前進はある。「文章を批判的に読みながら、文章に表れているものの見方や考え方について考えること。」（中3）という評価すべき内容も位置付いた。しかし、全体として曖昧な抽象的な記述が多く、実際の国語の授業の目標に生かしにくい。さらに小1~小6、中1~中3、高1~高3への系統的な内容提示になっていない。そもそも国語科の教科内容の構成要素としてかなりの欠落がある。

これは国語科教育にかかわる研究者（集団）、学会の責任でもある。明治期以来、ほぼ一二〇年間、言語教育としての国語科の教科内容の体系化と系統化を怠けてきたツケがこういうかたちで顕在化しているのである。

目標設定が曖昧だと、対話的な学びを展開しても活動主義に陥るおそれが極めて大きい。

(3)「対話的な学び」で育てられる目標＝教科内容の提案

それらを乗り越えるための一つの切り口として、阿部や阿部が代表をつとめる「読み」の授業研究会ではその試案を提示してきた。次のカテゴリーの教科内容である。

文学的文章分野（物語・小説、詩[10]）

1 文章の構造を読むことに関わる教科内容
2 文章の形象・技法を読むことに関わる教科内容
3 文章を吟味・批判することに関わる教科内容

説明的文章分野（説明文、論説文[11]）

1 文章の構造を読むことに関わる教科内容
2 文章の論理を読むことに関わる教科内容
3 文章を吟味・批判することに関わる教科内容

物語・小説であればたとえば次のような目標である。

ア 導入部の人物設定や展開部の事件の発展が、クライマックスで伏線として生きることを学ぶ。
イ 作品を構造的に捉え題名と結びつけることで、繰り返されるモチーフの象徴的意味を読めることを学ぶ。
ウ 説明と描写という二つの表現方法を駆使しながら作品のプロットが成立していることを学ぶ。
エ 換喩表現は、部分で全体を表す技法であるため、クローズアップ効果があることを学ぶ。
オ 作品の語り手を替えてみることで、語り手の特徴を批評的に読む方法を学ぶ。

説明的文章であればたとえば次のような目標である。

カ 序論（はじめ）に問題提示があることで、読者の理解が促進されていることを学ぶ。

キ　柱の段落・文とそれ以外の段落・文との関係を把握することで、論理の特徴を把握できることを学ぶ。
ク　事柄提示の順序を工夫することで、読者がより理解しやすくなるよう工夫していることを学ぶ。
ケ　筆者が仮説（主張）の根拠としている事例の選択が典型的かどうかを吟味する方法を学ぶ。
コ　使われている語句相互の意味にズレや矛盾がないかを吟味する方法を学ぶ。

これまで構造、レトリック、論理、吟味・批判などの要素が国語科の教科内容として明確に位置づけられてこなかった。これらは、間違いなく「言葉による見方・考え方」そのものである。こういった目標を設定することによって、対話的な学びを生かして高次の言語能力を育てることができるようになる。目標＝教科内容にこだわることで、対話的な学びがその優位性を発揮できる。

注

（1）これらの具体的事例等については、阿部昇『アクティブ・ラーニングを生かした探究型の授業づくり――主体・協働・対話で深い学びを実現する』二〇一六年、明治図書の四六〜六九頁を参照願いたい。
（2）レフ・セミョノヴィチ・ヴィゴツキー（柴田義松訳）『思考と言語』（新訳版）二〇〇一年、新読書社、四〇三〜四二二頁（原著は一九三四年）
（3）中学校国語教科書『国語二』光村図書、二〇二〇年
（4）文部省『小學校令施行規則』一九〇〇年には、「國語ハ普通ノ言語、日常須知ノ文字及文章ヲ知ラシメ正確ニ思想ヲ表彰スルノ能ヲ養ヒ兼テ智徳ヲ啓發スルヲ以テ要旨トス」とある。
（5）文部科学省『小学校学習指導要領』二〇一七年、三四頁
（6）文部科学省『小学校学習指導要領解説　国語編』二〇一七年、一四九頁
（7）前掲書（5）、三五頁
（8）前掲書（6）、一二二頁
（9）『増補改訂版　国語力をつける物語・小説の「読み」の授業――「言葉による見方・考え方」を鍛えるあたらしい授業の提案』二〇二〇年、明治図書、一四二〜一四八頁
（10）文学的文章の教科内容は前掲書（9）を参照願いたい。
（11）説明的文章の教科内容については阿部昇『文章吟味力を鍛える――教科書・メディア・総合の吟味』二〇〇三年、明治図書、「読み」の授業研究会『国語力をつける説明文・論説文の「読み」の授業』二〇一六年、明治図書を参照願いたい。

【物語・小説・古典の授業で「対話的な学び」を最大限に生かす】

2　物語・小説の構成・構造の授業で「対話的な学び」を最大限に生かす
――教材「星の花が降るころに」（安東みきえ）を使って

中沢　照夫（長野県佐久市立中込中学校）

1　どのような「対話的な学び」が求められているのか

「対話」と一口に言っても、そこからイメージされる学習形態はいくつかある。たとえば教師と子どもによる一斉問答や個人問答も広い意味の「対話」に含まれる。教師による講義的な授業で、子どもが自分の中で課題を見つけ、それを咀嚼しながら追究していく過程だって「個人内対話」である、という屁理屈も成り立つ。いったいどういう「対話的な学び」が求められているのだろうか。

学習指導要領が求める「『主体的・対話的で深い学び』の実現に向けた授業改善」だが、学習指導要領解説国語編（二〇一八年）では、「全く異なる指導方法を導入しなければならないと捉える必要はない」とし、「授業の方法や技術の改善のみを意図するものではなく」、「単元や題材など内容や時間のまとまりの中で、（中略）グループなどで対話する場面をどこに設定するか（中略）を考え、実現を図っていくものである」と書かれている。具体的なポイントは何も示されず、「対話」が授業のどこかにありさえすれば「授業改善」につながるとの誤解を生みやすい。

必要とされる「対話的な学び」とは、私は、自分以外の異なった考え、意見に触れることができ、それを交流させることで、多様な見方・考え方が育つものでなくてはならないと考える。また、「対話」の論点に沿って、自分の考えをまとめたり整理したりする際、相手に伝わる言葉として再構成しなければならない（内言の外言化）が、それによって自分の考えや意見をより明確に、かつ客観的にとらえられる力（「メタ認知力」）につながるものでなくてはならないと考える[1]。

そのために有効なのは「学習集団」を使った学び合いである。「学習集団」は子どもたちが主体的に授業に参加できる集団で、①全員が授業に参加できる、②全員がわかることを保障する、③そのために学習リーダーを置いた学習班を組織する、などを自分たちの目的として位置づけられるよう指導していく。その指導を並行して行いながら、個人の追究、学習班の追究、学級全体の追究へと、思考や論議の質を高めていくことが、「対話的な学び」を生かすことにつながると考える。

2 「星の花が降るころに」の教材分析、指導のポイント

ここでは「星の花が降るころに」の構成・構造を読む授業で、「対話的な学び」を最大限に生かす提案をする。

(1) 導入部、展開部、山場の三部構成

冒頭は回想シーンから始まる。去年の秋、「夏実」と「私」の二人で、長いこと銀木犀の花が散るのを見上げ、二人で木に閉じ込められたと笑った思い出が語られる。

> 銀木犀の花は甘い香りで、白く小さな星の形をしている。そして雪が降るように音もなく落ちてくる。去年の秋、夏実と二人で木の真下に立ち、花が散るのを長いこと見上げていた。気がつくと、地面が白い星形でいっぱいになっていた。これじゃふめない、これじゃもう動けない、と夏実は幹に体を寄せ、二人で木に閉じ込められた、そう言って笑った。
>
> ――ガタン！
>
> びっくりした。去年のことをぼんやり思い出していたら、机にいきなり戸部君がぶつかってきた。戸部君は振り返ると、後ろの男子に向かってどなった。

「――ガタン！」が発端つまり事件の始まりである。回想から現在に引き戻されたところから話の本筋が始まる。この行の前までが導入部。五行ほどの短い部分だが、のちにクライマックスが捉えられてくると、ここにはクライマックスにつながる仕掛けが数多く隠されていることが見えてくる。「甘い香り」は過去における「私」と夏実の親密な関係を象徴的に語り、「私」が夏実との関係に強くこだわっていることが読める。同時に「二人で木に閉じ込められた」という表現は、銀木犀によって親密関

係を守られる一方で「私」と夏実の関係が閉鎖的であることも暗示する。そのことが、やがてクライマックスにおいて、夏実とだけの関係にこだわらない、閉鎖性から抜け出していく「私」へと変化する伏線になっている。

この他にも、戸部君を評する「わけがわからない」の意味の違いや銀木犀の花びらを入れた「ビニール袋」の扱いの違いのように、この作品は、クライマックスに向かって仕掛けられている変化を象徴的に表す言葉が対比的に数多く現れる。「クライマックスはどこか」を検討する学習過程は最も「対話的な学び」を促すが、こうした対比的な言葉の表す意味を読みとる学習過程を構想することでさらに「対話的な学び」を生かすことができる。

展開部は戸部君がいきなり「私」の机にぶつかってきたところから事件が動く。事件は夏実との仲直りを試みる「私」、という二人の人物を中心に展開するが、仲直りが不調に終わると、事件を支える主要な人物は「私」と戸部君に移り、夏実とのことを戸部君に見られたのが気がかりで、それを探ろうと事件が発展する。そして、戸部君が一人で黙々とボールみがきをする姿を見、「使いたいときだけ使って、手入れをしないでいるのはだめなんだ」と語っていたのを思い出し、戸部君との関係性が変化する。それらのことがクライマックスにつながる仕掛けになっている。

山場では、場面が銀木犀のある公園に変わる。展開部で「戸部君」との関係性が発展したことが、「私」を「夏実」との思い出の残る公園へと誘う。主要な人物は「私」と掃除の「おばさん」に変わる。そこで「おばさん」から、銀木犀は常緑樹だから一年中葉っぱがしげっていて落ちないと理解していた「私」は、「古い葉っぱを落として新しい葉っぱを生やす」という衝撃的な事実を聞かされる。そのことが終盤にクライマックスとして象徴的に描かれる「私」の変化をもたらす。事件は「私」の内面の成長・変化へと発展する。

最後は結末＝末尾となっていて、終結部は存在しない。よって、この作品は、導入部、展開部、山場の三部構成でできている。

(2) クライマックスはどこか

クライマックスがどこなのかを検討する学習過程は最

も「対話的な学び」が生かされる。だが、この作品の場合、全体を通して「私」が主要な人物であることは容易にとらえられるが、「私」をめぐる事件と関係する人物が、「夏実」「戸部君」「掃除のおばさん」と変化していくため、「私」の内面の変容を一貫してとらえることが難しい。それにどうやって気づかせたらよいか、練った発問や助言を用意する必要がある。

この話は、作品の序盤から終盤にかけて、私の変化を象徴している表現が数多く見られる。特に終盤は象徴的表現の集合体と言ってもいいほどで、クライマックスはその中に存在する。次が該当部分である。

> ポケットからビニール袋を取り出した。花びらは小さく縮んで、もう色がすっかりあせている。
> 袋の口を開けて、星形の花を土の上にぱらぱらと落とした。
> ここでいつかまた夏実と花を拾える日が来るかもしれない。それとも違うだれかと拾うかもしれない。あるいはそんなことはもうしないかもしれない。
> どちらだっていい。大丈夫、きっとなんとかやっていける。
> 私は銀木犀の木の下をくぐって出た。

その象徴性や描写性をていねいに読み分け、対話を重ねながら、クライマックスを確定させる授業を構想させられるとよい。クライマックスの候補として以下の四箇所を示し、検討を加える。

> 【クライマックス候補】
> A　袋の口を開けて、星形の花を土の上にぱらぱらと落とした。
> B　ここでいつかまた夏実と花を拾える日が来るかもしれない。それとも違うだれかと拾うかもしれない。あるいはそんなことはもうしないかもしれない。
> C　どちらだっていい。大丈夫、きっとなんとかやっていける。
> D　私は銀木犀の木の下をくぐって出た。

Aは、「袋を開けて」ビニール袋の中の花びらを土の上に「ぱらぱらと落とした」に象徴的な意味が隠されている。このビニール袋は展開部では「お守りみたいな」袋で、それを「そっとなで」ることで、「夏実」との仲直りが成功するように願かけをしている。それは二人が仲良かったときを象徴するアイテムで、それを「ぱらぱらと落とした」とあるのは必要としなくなったことを意味しており、「私」が「夏実」との関係に執着するのをやめる選択肢をもてたことを暗示している。

Bは、「夏実」との仲直りは、できるかもしれないしできないかもしれないが、もはや「私」にとって差し迫った案件ではなくなっていることを意味している。そして、「違うだれかと拾う」と、新しい友だちが存在する可能性を示唆している。しかし、「そんなことはもうしないかもしれない」と、その行為自体から卒業する、あるいは、特定の友だちを求めることすらやめる可能性を示唆している。

Cは、「どちらだっていい。」と、Bのどの可能性でも構わないという意思表示をしている。「大丈夫、きっとなんとかやっていける。」と、この先どうなっていくのか多少の不安はあるものの、きっと乗り越えていけると自分に言い聞かせている。それが心の中での強い決意が見える表現になっている。

Dは、「銀木犀の木の下」が、それまで「夏実」との、懐かしくいい思い出の場所であり、二人だけの秘密基地としての場所、つまり二人を保護する場所であったが、そこを「くぐって出た」ことにより、私が自立の一歩を踏み出したことを暗示している。それは、導入部の「閉じ込められた」に対応し、甘美な閉鎖的な関係から抜け出したことを象徴している。

クライマックスは、「C」または「B」＋「C」である。（ここでは「C」で進めていく。）掃除のおばさんの話から、銀木犀も古い葉っぱを落として、新しい葉っぱを生やすことで成長することを教わり、今まで「夏実」との関係にこだわってきた自分に訣別しようと強く決意したのが、「どちらだっていい。」という、心の中の断言に最もよく表されているからである。「大丈夫、きっとなんとかやっていける。」では、「夏実」に固執しないでもやっていける、新たな自分を自覚した「私」を読むことができる。「C」は「私」の変化が意志をもって示されているところである。

構造よみにおいて、クライマックスを見つけ、そこに着目することの利点は、作品の構造上の仕掛けが把握しやすくなり、さらに、作品の主題が仮説的に把握できる点にある。それによって形象よみで扱うべき作品の鍵となる部分の「取り出し」が容易になるのである。(2) A～Dを分析的に検討させる学習過程も「対話的な学び」

には有効で、「言葉による見方・考え方」を鍛えることにもなる。つまり、A～Dいずれかに限定することが目的ではなく、それぞれから読める意味の違いをとらえるという、言語感覚を磨く学びが求められる。

この作品の構造は次のとおりである。

3 「対話的な学び」を生かした授業実践例

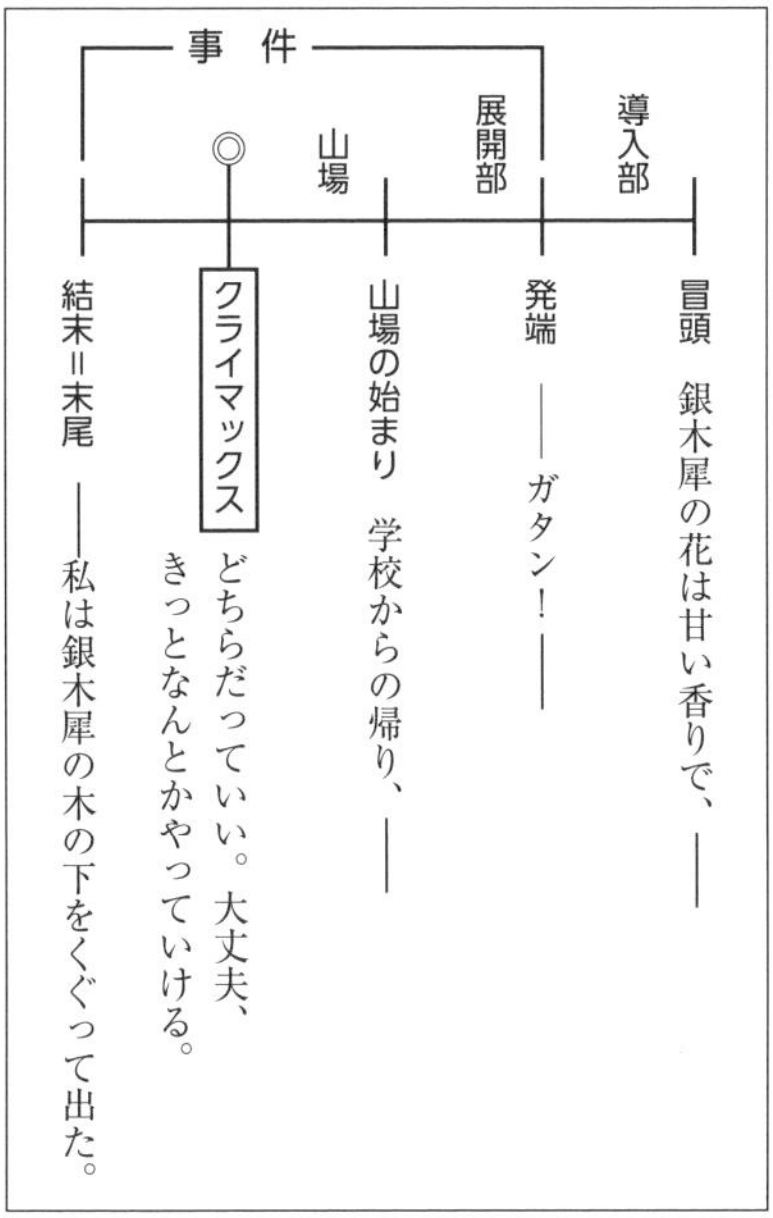

以下は、二〇二〇年九月三日に中沢が佐久市立中込中学校一年二組（31名）で行った授業の一部を再構成したものである。

「クライマックスはどこか」を考える構造よみの授業である。各班にはクライマックスの場所と理由を話し合うように指示。5分の後に班ごとに「〇〇〇～〇〇〇。」と板書を指示し、黒板には各班が考えたクライマックスが並んでいる。この日はすべての班が「いいか、よく聞けよ～あたかもしれない。』」と書いている。とかくこうなりやすい。「戸部君」のオチが効いているし、会話文でもあることから惹きつけられやすい。また、発端を「――ガタン！」としたことで、「戸部君」との関係に目が行きやすく、四部構成の典型に引きずられて、「学校からの帰り、」からを終結部ととらえる傾向にも起因していると思われる。（枠内は中沢自身の授業へのコメント）

教師①　では、どうしてそこがクライマックスなの？そこで何が変化したの？

子ども　私は初感想にも書いたんだけど、「涙がにじんできたのはあんまり笑いすぎたせいだ、たぶん。」というのは、他にも泣く理由があったんじゃないかと思ってます。最初は「戸部君」に対して「わけがわか

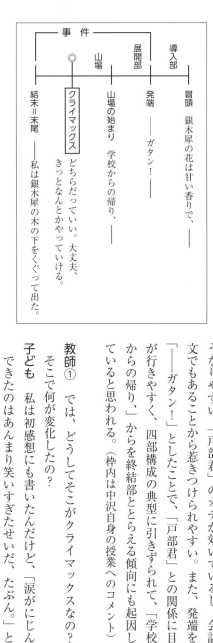

らない」と怒って言っていたけど、ここにある「やっぱり戸部君って、わけがわからない。」というのは前のとちょっと違ってて、「私」が「戸部君」を見直しているというか、見方が変わったんじゃないかと思います。

子ども　私たちも同じ意見です。

教師②　なるほど、鋭いね。「わけがわからない」の意味の違いから「私」の変化に気づけたのはすごいね。だとすると、ここがクライマックスでいいの？　つまり、この話は「私」と「戸部君」の淡い恋の物語なのかな？

子ども　……。

> 「同じです。」の応答のときは、なるべく微妙なニュアンスの違いにもそれぞれの考え方が表れることを常に話し、発言を促しているが、ここでは視点を変えようとした。

教師③　だって初感想で、この話は「私」と「夏実」が仲直りするはずの話なのにそうなっていないのが疑問だとか、女の子の関係が中途半端で気になるとか言っていたじゃない。そうかな？　「夏実」とのことは中途半端なの？　「夏実」と「私」の関係に変化は起きていない？　それがクライマックスを探す鍵だと思うけど。

子ども　（「ここじゃない？」など、班内でざわつく。）

教師④　じゃあ、もう一度クライマックスはどこか、考えてみよう。いきなり話し合うのでなく、合図するまでは自分でよく読んで、考えてみよう。

教師⑤　（各班が意見を修正して板書し終わる。）では、黒板を見てください。こうなりました。どの班も作品の終盤に集中しているね。（25頁の【クライマックス候補】のうち、A～Cが挙げられる。）では、それぞれをA、B、Cとし、それぞれの意見と根拠を聞きたいと思います。どこからでも口火を切ってください。

> まず1分間、自分で見つけさせ、そのあと3分間、班で話し合い、先にとらえたところを修正させ、もう一度黒板に書かせる。班内対話では、学習リーダーを中心にみんなの考えを引き出させ、全員の学習参加を保障する学習集団の指導も同時に行う。

子ども　私たちはAです。仲直りを試みてる場面では、銀木犀の花が入っている「小さなビニール袋」は「お守り」だったけど、最後のところではその花を「ぱらぱらと落とした」とあります。それはお守りを捨てたということで、かなり勇気のいる行動だと思います。

それは「夏実」にこだわっていたときとは違う、「私」の変化が読みとれると思います。

子ども　私たちはBだと思います。今の意見も一部賛成だけど、「夏実」へのこだわりをやめたのなら、「それとも違うだれかと拾うかもしれない」のほうが、「私」が違う友だちと拾う可能性を表しているので、変化がよりはっきりわかると思います。

子ども　私たちはCだと思います。「どちらだっていい。」というのはAやBの意見と同じで、「夏実」でなくてもいいということだと思います。それに会話のようだし、AやBよりも力がこもっていると思います。それに、「大丈夫、きっとなんとかやっていける。」というのは、これからのことがちょっと不安だけど、何とかなると前向きの気持ちになっているので、Cです。

教師⑥　どの意見も素晴らしいね。前半で「夏実」との関係にこだわっていたところと対比させながら、「私」の変化を読みとったところが素晴らしい。ところで、「私」に変化をもたらしたものは何だったのだろう？　戸部君？　本当に？　もう一度話し合ってごらん。

子ども　そうかあ。掃除のおばさんだ。

教師⑦　掃除のおばさんの何？　もっと具体的に話して。

子ども　掃除のおばさんが、銀木犀は古い葉っぱを落として新しい葉っぱを生やすと教えてくれたこと。じゃないと、木だって生きていけないと話してくれたこと。

教師⑧　それを「私」はどう受け止めたの？

> 子どもたちの意見がどのような読みの力につながっているのかを、折に触れて評価していくことが、言語をより強く意識した指導につながる。「対話」から「言葉による見方・考え方」が鍛えられ、「深い学び」が生まれる。

子ども　「あんたも変わらなきゃ生きていけないよ。」って言われたと思ったんじゃないかな。「古い葉っぱ」イコール「夏実」というように。

子ども　ということは、「夏実」にこだわっていた自分を捨てようと、「どちらだっていい。」と言ったのかな。

注

（1）阿部昇「アクティブ・ラーニング」を展開する際の二つの『弱点』」『国語授業の改革16』二〇一六年、学文社を参考文献とした。

（2）阿部昇『増補改訂版　国語力をつける物語・小説の「読み」の授業』二〇二〇年、明治図書、七六頁

【物語・小説・古典の授業で「対話的な学び」を最大限に生かす】

3　物語・小説のレトリック・形象の授業で「対話的な学び」を最大限に生かす
――教材「お手紙」（アーノルド＝ローベル）を使って

大庭　珠枝（秋田県由利本荘市教育委員会）

1　「対話的な学び」について

『小学校学習指導要領解説・総則編』（二〇一七年）には、「対話的な学びの視点」について、次のように記載されている。（傍線は大庭）

子供同士の協働、教職員や地域の人との対話、先哲の考え方を手掛かりに考えること等を通じ、自己の考えを広げ深める「対話的な学び」が実現できているかという視点。

ポイントは、「自己の学びを広げ深める『対話的な学び』」を実現するということである。思考を広げたり深めたりさせたい場面で効果的に対話を取り入れることで、ねらいに迫っていくような授業がイメージできる。

グループでの対話にはたくさんの意義があるが、一番は「一人一人の参加意識や主体性の向上」にあるのではないだろうか。また、「他者の考えを受け止めつつ、自分の考えを他者に説明することで思考が整理される機会を、全員が得られる」というのも大きな意義であると考える。このことは、国語科で目指している「国語で正確に理解し適切に表現する資質・能力」の育成に直接的に寄与するものである。つまり、国語科におけるグループでの対話には、「対話を通して考えを広げたり深めたりすること」に加えて「対話をすること自体」に意義があると言える。

読み研でも、このようなグループでの対話を効果的に取り入れた授業づくりを提唱してきている。私自身も、子どもたちに「グループで話し合ってよかった」と思える経験をたくさん積んでほしいと願いながら授業をしてきた。そのために大切なのは、「子どもにとって必要感のある対話かどうか」であると考える。

2　物語・小説のレトリック・形象の授業において「対話的な学び」を生かすことについて

読み研では、豊かに確かに「読む力」を子どもたちに身に付けさせることを目指し、物語・小説においては、指導過程を「Ⅰ構造よみ、Ⅱ形象よみ、Ⅲ吟味よみ」とする授業づくりを提唱している。

このことについて、阿部昇は次のように述べている。(1)

（傍線は大庭）

> はじめに「構造よみ」で作品の「構成・構造」を読む。次にそれらを生かしながら「形象よみ」で各部の「鍵」となる語や文に着目し、「形象」や「形象相互の関係」を読み深める。その際に様々な「技法（レトリック）」や「仕掛け」に着目する。その延長線上で「主題」をつかむ。最後にそれらの読みを生かしながら「吟味よみ」で作品を再読し「吟味・評価」を行う。ここでは書く学習も重視する。

「形象よみ」に関わる傍線部は、『小学校学習指導要領解説・国語編』（二〇一七年）で述べられている「言葉による見方・考え方を働かせること（対象と言葉、言葉と言葉との関係を、言葉の意味、働き、使い方等に着目して捉えたり問い直したりして、言葉への自覚を高めること）」に直結している。つまり、「形象よみ」は、「言葉による見方・考え方」を働かせた「深い学び」につながるものであり、そこに「対話的な学び」は欠かせないと考える。

では、具体的にどのような「対話的な学び」が必要なのか。

「形象よみ」では、まず「鍵」となる語や文（重要箇所）を自力で取り出す。「鍵」の部分に着目できること自体が、重要な読みの力となるからである。その後に「対話的な学び」を取り入れる。たとえば、取り出した「鍵」とその理由について、グループで話し合うことが考えられる。そして、グループの意見を全体の場で共有し、共通して読み深めるべき部分を絞り込む全体での話し合いも考えられる。

なお、「鍵」として取り出す部分は作品の構成部分によって異なる。それぞれの取り出しの指標（方法）について、阿部は次のように述べている。(2)

※導入部の鍵の取り出しの指標
1　人物　2　時　3　場
4　先行事件　5　語り手
※展開部・山場の鍵の取り出しの指標
1　事件の発展
（1）人物相互の関係性の発展
（2）人物の内的・外的な発展
（3）事件の発展とひびきあう情景描写
2　新しい人物像

次に、これらの指標により取り出した「鍵」を、文脈と関わらせながら読み深めていく。その際には、技法や様々な仕掛けに注目していくことになる。そして、それらの形象を総合しながら「主題」をつかむ。いずれの過程でも「対話的な学び」を取り入れる。取り出した「鍵」からどんな形象が読めるのか。それらの形象から見えてくる主題は何か。自分の考えをもったうえでグループや全体で話し合うことを通して、自分では気付かなかった読みに出合い、それを基に思考を再構成することで「深い学び」へとつながる。そのような「対話的な学び」が考えられる。

なお、形象を読み深める方法として、阿部は「技法・工夫された表現に着目する」「差異性・多様な立場に着目する」「文化的・歴史的前提と先行文学を意識する」「語り手に着目する」の四つについて取り上げ、説明している。(3)特に、一つ目、二つ目について示されている次の具体例は、「言葉による見方・考え方」の具体として常に意識しておきたい。(4)


技法・工夫された表現に着目しながら形象を読み深める方法
1　普通と違うまたは不整合な表現・内容に着目して読む
2　比喩―直喩・隠喩・提喩・換喩・声喩に着目して読む
3　反復に着目して読む

4　倒置、体言止めに着目して読む
5　聴覚的効果、視覚的効果に着目して読む
6　象徴に着目して読む

差異性・多様な立場から形象を読み深める方法
1　整合性のある表現・内容に替え、その差異に着目して読む
2　別の表現・内容に替え、その差異に着目して読む
3　表現・内容を欠落させ、その差異に着目して読む
4　肯定・否定の両義性に着目して読む
5　立場・視点を替え、その差異に着目して読む

3　「お手紙」の教材研究

(1)　概要

「お手紙」はアーノルド＝ローベルの作品で、三木卓の訳で出版された『ふたりはともだち』の中の一篇である。すべての小学校国語教科書に掲載されており（教育出版は小1、それ以外は小2）、お手紙をもらったことのない「がまくん（がまがえるくん）」に、「かえるくん」がお手紙を出し、二人でそのお手紙の到着を待つという物語である。二人とも蛙で、互いを「がまくん」「かえるくん」と呼び合う仲良しの友だちであり、かえるくんが書いたお手紙には「親友」と表現されている。作品構造は次のとおりである。

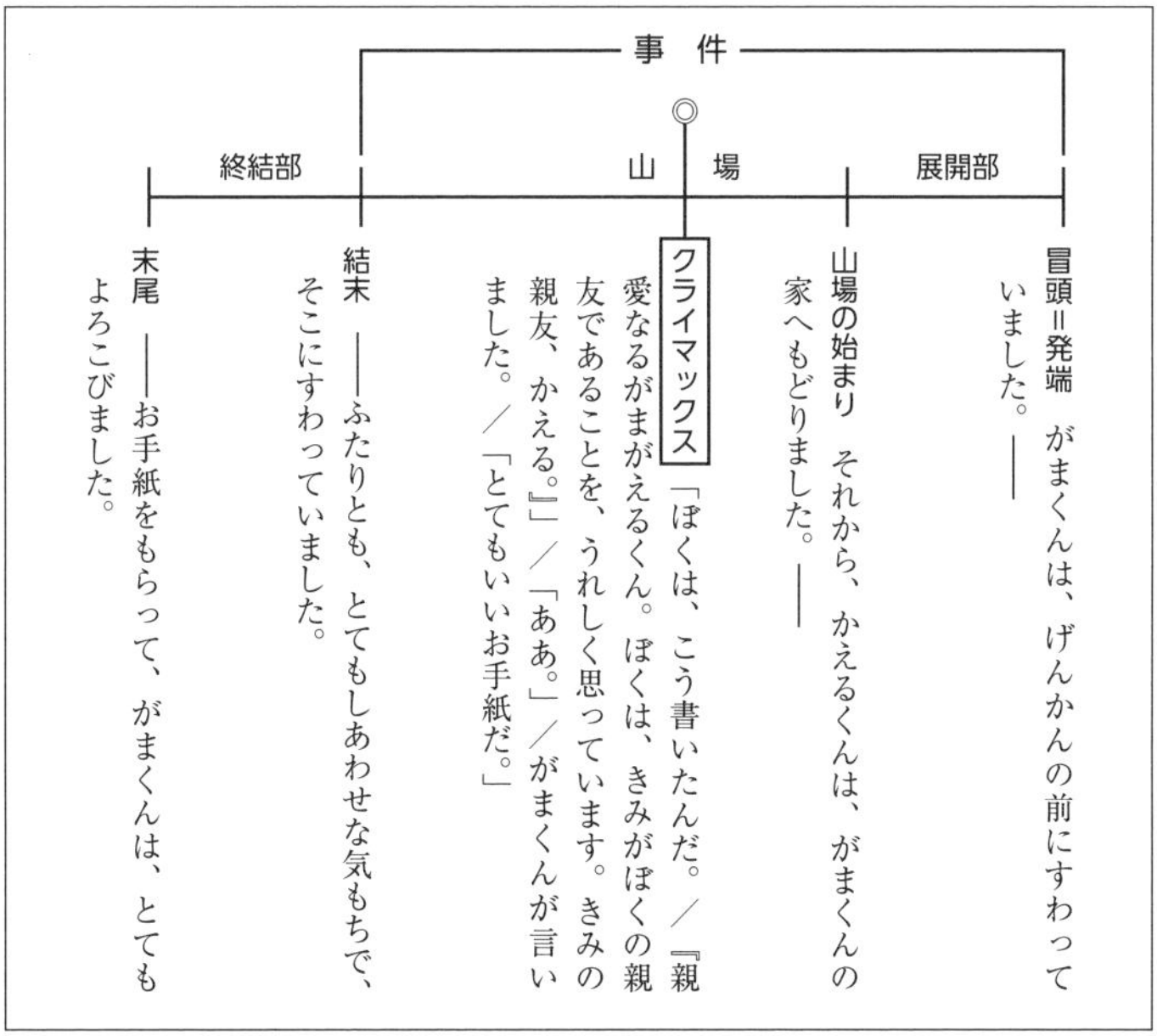
事件
展開部
山場
終結部
冒頭＝発端　がまくんは、げんかんの前にすわっていました。——
山場の始まり　それから、かえるくんは、がまくんの家へもどりました。——
クライマックス　「ぼくは、こう書いたんだ。／『親愛なるがまがえるくん。ぼくは、きみがぼくの親友であることを、うれしく思っています。きみの親友、かえる。』」／「ああ。」／がまくんが言いました。／「とてもいいお手紙だ。」
結末　——ふたりとも、とてもしあわせな気もちで、そこにすわっていました。
末尾　——お手紙をもらって、がまくんは、とてもよろこびました。

(2) そもそも「お手紙」とは

ここからは、2年生の子どもたちとの授業を想定しながら教材研究をしていく。

この教材では、単元導入で題名よみをしたい。そもそも「お手紙」とはどういうものなのか、共通の認識をもったうえで本文を読ませたいからである。子どもたちからは次のような意見が出されるものと思われる。

・郵便屋さんが届けてくれる
・遠くに住んでいる人に書く
・特別な出来事について知らせる
・「何が書いてあるかな」とわくわくする

これらを踏まえて、各部の形象よみをしていく。

(3) 展開部の形象よみ

「お手紙」においては、前述の「技法・工夫された表現に着目しながら形象を読み深める方法」のうち、主に「1　普通と違うまたは不整合な表現・内容に着目して読む」方法が活用できる。二年生の子どもたちには、まず「『あれ？何だか変だな』『なぜかな？』」と思うところはないかな」と問うてみるとよい。このことについて、阿部は次のように述べている。(5)

謎に目をつけるということは、言い換えれば不整合な事件展開に着目するということである。「『おかしいな』『変だな』というところに目をつける」ということになる。物語・小説を読む際の重要な方法になる。

このような視点で展開部を読んでいくと、次のような疑問が子どもたちからも挙げられる。

なぜかえるくんは、お手紙を自分で届けず、わざわざ「かたつむりくん」に頼んだのか。

この後、がまくんの家に戻ろうとしているのだから、自分で届けた方が早くがまくんを喜ばせることができるのにそれをしない。しかも頼んだ相手が「かたつむりくん」である。なかなか届かないことが容易に予想できるが、かえるくんはそんなことを思いもせず（山場の部から読みとれる）、家から飛び出したところでたまたま遭遇したかたつむりくんに頼んでしまうのである。

このことは、「第三者が郵便受けに入れる」という「お手紙」の形式をかえるくんが重視したからに他ならない。

「毎日郵便受けが空っぽだ」と悲しんでいたがまくんを喜ばせるためには、郵便受けにお手紙を入れることが重要なのである。頼む相手がかたつむりくんだったことは、読者からしてみるとハプニングだが、結果的に幸せな気持ちで四日間もお手紙を待つことにつながった。絶妙な仕掛けだと言える。

(4) 山場の形象よみと主題

山場における子どもたちの一番の驚きは、「かえるくんが、がまくんにお手紙のことを教えてしまったこと」である。それまでの経緯(「今日は誰かがお手紙をくれるかもしれないよ」というかえるくんの言葉を全く信用しないがまくん)を読めば、我慢しきれなくなったかえるくんの気持ちもわかるのだが、内容まで教えてしまったことにますます驚く。

かえるくんのお手紙の内容を含む次の部分がクライマックスである。

> 「ぼくは、こう書いたんだ。／『親愛なるがまがえるくん。ぼくは、きみがぼくの親友であることを、うれしく思っています。きみの親友、かえる。』／「ああ。」／がまくんが言いました。／「とてもいいお手紙だ。」

ここで新たに疑問が生じる。

> がまくんが「とてもいいお手紙だ。」と言ったのはなぜか。

一見、何の変哲もないお手紙である。これといって新たな情報があるわけでもない。仲良しの友だち同士にしては妙に堅苦しい文体である。それなのに、がまくんがこんなにも感動したのはなぜなのか。これには、次のような理由が考えられる。

> ・かえるくんの優しさが嬉しかったから。
> ・「ぼくの親友」「きみの親友」から、二人の関係は友だちを超えた「親友」であることがわかったから。
> ・手紙らしい書き方なのが嬉しかったから。
> ・かえるくんからお手紙をもらえるとは思ってもみなかったから。「仲良しの友だち」から「手紙をやりとりする親友」へと関係が更新されたから。

かえるくんという素敵な友だちがいるにもかかわらず、お手紙が来ないことを不幸せに思っていた（お手紙をやりとりする相手がほしかった）がまくんにとって、手紙らしい手紙を、他ならぬかえるくんからもらえると知った喜びは相当のものであったに違いない。だからこそ、この後四日間も幸せな気持ちで待ち続けたのである。

以上のような「お手紙」を媒体とした二人の関係性の更新が、この作品の主題である。

4 「お手紙」の授業シミュレーション

2年生を最後に担任してから十年以上が経過しており、授業記録も残っていないため、当時を想起しながらの授業シミュレーションを提示する。

クライマックスの場面の授業で、学習課題は「がまくんは、なぜ『とてもいいお手紙だ』と言ったのかな。」である。

教師① がまくんの「ああ。」「とてもいいお手紙だ。」というセリフを音読してみましょう。

子ども （一斉読）

教師② 上手だね。どんな気持ちを込めて読んだの？

子ども 嬉しい気持ちで読みました。

子ども 感動している感じに読みました。

教師③ がまくんは、なぜ「とてもいいお手紙だ」って感動してるのかな。

子ども 初めてお手紙をもらえて嬉しかったからだと思います。

子ども とてもいいお手紙だったからです。

教師④ なるほど。じゃあ、お手紙の部分も音読してみましょう。

子ども （一斉読）

教師⑤ どの辺が「とてもいいお手紙」だった？

子ども んっ？（返答に詰まる）

教師⑥ 「ここがいいよ」っていうところに線を引いてから、グループで話し合ってみましょう。

> 教師⑤は、学習課題について掘り下げて考えさせるための発問である。ここで「対話的な学び」を取り入れる。何を話し合うのかが明確であること、個の時間を確保したうえでグループでの対話に入ることがポイントである。

教師⑦　どんな意見が出ましたか？
子ども　「親愛なる」っていう言葉がいいと思いました。かえるくんががまくんを大好きだっていう気持ちが伝わるから。
子ども　「親友」っていう言葉がいいと思いました。親友って、友だちよりもっと友だちっていうことだから。
子ども　「ぼくの親友」「きみの親友」って二回も書いているからいいと思います。
子ども　「ぼくの親友」は、がまくんはかえるくんの親友だっていうこと。「きみの親友」は、かえるくんががまくんの親友だっていうこと。つまり、二人とも親友だっていうことだから嬉しい。
教師⑧　二人は今までも仲良しだったでしょう？　今までは親友じゃなかったのかな？
子ども　今まではただの友だちっていうか……。
子ども　今までも親友だったのかもしれないけど、「親友だ」っていうことがはっきりしたっていうか……。
子ども　今までも親友だったんだと思うけど、二人は「友だち」っていう名前だと思ってたんじゃないかな。でも、かえるくんは初めてがまくんにお手紙を書いて、がまくんは初めてかえるくんからお手紙をもらって、もっとほんとの親友だっていうことがわかった。
教師⑨　なるほど。では、今話し合ったことを基にして、ノートに今日のまとめを書きましょう。

対話の後に、自分の考えを書きまとめる時間を取ることで思考の整理を促すのも「対話的な学び」のポイントである。

注

(1) 阿部昇『増補改訂版 国語力をつける物語・小説の「読み」の授業』二〇二〇年、明治図書、一九～二〇頁
(2) 同右書、八七頁及び一〇八頁
(3) 同右書、一三九～一八九頁
(4) 同右書、一三九頁及び一七三頁
(5) 阿部昇『物語・小説「読み」の授業のための教材研究』二〇一九年、明治図書、九五頁

【物語・小説・古典の授業で「対話的な学び」を最大限に生かす】

4　物語・小説の吟味・批評の授業で「対話的な学び」を最大限に生かす
――教材「少年の日の思い出」(ヘルマン・ヘッセ)を使って

熊添　由紀子（福岡県八女市立見崎中学校）

1　物語・小説の吟味・批評の授業で求められる「対話的な学び」とは

「対話的な学び」は、一時間の授業（導入・展開・まとめ）の中の展開段階で行うことが多い。展開段階の前半で個人で考える時間を取り、グループで意見を交流する。次に、展開段階後半で学級全体で話し合う。その際、教師はグループから出た意見を整理して論点を確認したうえで話し合いをさせる。この場合、展開前半段階におけるグループでの話し合いは、交流の意味合いをもつ。グループのリーダーの進行で全員が自分の意見を述べる。グループで意見が分かれた場合はその根拠を述べ合い、グループの意見として整理する。

それに対し、展開後半段階の学級全体での話し合いは討論の意味合いをもつ。グループ対グループで根拠を挙げながら意見を述べ、学級に納得と深まりを創り出す。授業の山場であり、学級全体がこの討論に参加する。「対話的な学び」であるこの交流や討論が深まるためには、話し合う価値のある学習課題を設定しなければならない。そのために国語の教科内容をはっきりさせる必要がある。

二〇一七年『中学校学習指導要領解説・国語編』「第4章　指導計画の作成と内容の取扱い」（一三二頁）には、吟味・評価に関わって次の記述がある。「言葉で表される話や文章を、意味や働き、使い方などの言葉の様々な側面から総合的に思考・判断し、理解したり表現したりすること、また、その理解や表現について、改めて言葉に着目して吟味すること」――これは、まさしく「読み」の授業研究会（以下「読み研」）が提案してきた吟味よみにあたる。

「読み研」では、物語・小説の指導過程として次の三つを提案してきた。

1　構造よみ
2　形象よみ
3　吟味よみ

吟味よみは、構造よみ、論理よみを生かしながら文章の優れた点と不十分な点を吟味・評価する読みである。

「吟味よみ」には二つの要素が含まれる。それについて阿部昇は次のように述べる。（傍線・熊添）

一つ目は第一読の構成・構造の読み（構造よみ）、第二の形象・技法の読み（形象よみ）を生かしながら、作品への共感、違和感、好き・嫌い、納得できる・できないなどを意識しつつ吟味・評価していくことである。その際に、はじめは「ただなんとなく」という状態であったとしても、少しずつ作品の一語一文に根拠を求めるようにしていく。それまでの構造よみ・形象よみの「再読」が行われるようになる。

二つ目は一つ目の検討にもとづいて一人一人が「吟味文」を書いていくことである。そして、その吟味文を子ども相互が交流し、さらに吟味・評価を豊かにしていく。「読むこと」から「書くこと」への発展である。[1]

特に傍線部の「少しずつ作品の一語一文に根拠を求めるようにしていく」という読みの方法が、「学習指導要領解説」に述べる、「意味や働き、使い方などの言葉の様々な側面から総合的に思考・判断し、理解したり表現したりすること」や「改めて言葉に着目して吟味すること」にあたる。

吟味よみには、次の七つのポイントがある。これが吟味よみにおける学習内容になる。

① 構造の特徴を吟味する。
② 人物を吟味する。
③ 事件の展開を吟味する。
④ テーマ（主題）を吟味する。

⑤表現技法・作品の仕掛けなどを吟味する。
⑥設定や語り手などを変えて比較する。
⑦他の作品と比較する。

先に、グループ学習での交流や討論が深まるためには、話し合う価値のある学習課題を設定しなければならない、と述べた。ここに挙げた学習内容は、どれも話し合いが深まる学習課題が設定できる内容になっている。

たとえば、「走れメロス」であれば、②（人物を吟味する）に関わって、「王の改心をどう思うか」という学習課題が考えられる。最後の場面で「おまえらの仲間の一人にしてほしい。」と懇願する王の姿に、納得するかしないかを吟味するのである。

他に、「海の命」であれば、⑥（設定を変えて比較する）に関わって、リライトした事件展開との比較によってオリジナルの事件展開を吟味する。「もし太一が瀬の主にもりを打ったとしたら、この作品はどう変わるか、どちらの作品が良いか。」という学習課題が考えられる。リライトでは、太一はクエの眉間にもりを突き刺す。太一は「おとう、とうとうおとうのかたきをうつことができました。」とつぶやくリライトである。このリライトがいいか、それともオリジナルがいいか、これまでの読みを根拠に挙げながら討論をする。そうすることで、オリジナルのクライマックス「おとう、ここにおられたのですか。また会いに来ますから。」の太一の言葉に込められた意味と作品のテーマを深く読むことにつながっていく。

以上のように、吟味よみにおいては明確な学習内容のもとに学習課題を設定することで、言葉による見方考え方に立った「対話」が生まれ、深い学びが生まれる。

2　「少年の日の思い出」の教材研究と吟味よみのポイント―エーミール像を中心に

「少年の日の思い出」はドイツの小説家ヘルマン・ヘッセの作品であり、高橋健二の名訳で中学校1年の教材として長い間多くの教科書に採用されてきた。

この作品は「客」が「私」に自分の少年時代の事件を語るという設定になっており、展開部からは語り手が「私」から「僕」に代わって過去の思い出を語る。

「僕は、八つか九つのとき、ちょう集めを始めた。」で始まる展開部では、ちょう収集に対する僕の、異常なまでの熱中ぶりが描かれる。「僕は全くこの遊戯のとりこになり、ひどく心を打ち込んでしまい、そのため、他のことはすっかりすっぽかしてしまったので、みんなは何度も、僕にそれをやめさせなければなるまい、と考えたほど」に熱中する。

その僕のちょうへの熱情がきっかけとなってこの後の事件を起こすことになるのだが、僕に関わる重要な人物としてエーミールが展開部と山場の部に登場する。

ここでは、「②人物を吟味する。」の視点をもとに、エーミールの人物像を表現に即してとらえ直してみたい。

展開部では、「青いコムラサキ」をエーミールに見せた場面に着目する。

> この少年は、非の打ちどころがないという悪徳をもっていた。それは、子供としては二倍も気味悪い性質だった。彼の収集は小さくて貧弱だったが、こぎれいなのと、手入れの正確な点で、一つの宝石のようなものになっていた。彼は、そのうえ、傷んだり壊れたりしたちょうの羽を、にかわで継ぎ合わすという、非常に難しい技術を心得ていた。とにかく、あらゆる点で模範少年だった。そのため、僕は妬み、嘆賞しながら彼を憎んでいた。

語り手は少年時代の「僕」であるが、大人になった「僕」が語っているので、大人になった今でも抱いているエーミールへの評価が表れていると読むことができる。つまり、「非の打ちどころがないという悪徳」、「二倍も気味悪い性質」、「彼を憎んでいた」というのは、大人になった「僕」が今でもそう思っているという可能性がある。「僕」は少年時代に抱いていたエーミールのイメージを未だに払拭できずにいるのである。

エーミールのちょうに関する技術や専門性を認めている僕は、エーミールに認めてもらいたいという思いから青いコムラサキを見せる。そしてエーミールは、「専門家らしくそれを鑑定し、その珍しいことを認め、二十ペニヒぐらいの現金の値打ちはある、と値踏み」する。しかし、「こっぴどい批評家のため、自分の獲物に対する喜びはかなり傷つけられ」「二度と彼に獲物を見せなくなる。」「二度と彼に獲物を見せない」という行為は、エーミールの厳しい指摘を素直に受け止めることができれば、あり得ないことである。しかし、エーミールが指摘した四つの欠陥「展翅のしかたが悪い」「右の触角が曲がっている」「左の触角が伸びている」「足が二本欠けている」は、エーミールにしてみれば事実を述べたに過ぎないにしても、「僕」は、「その欠点をたいしたものとは考え」ず、「かなり傷つけられた」と思ってしまう。そしてそれも大人になった「僕」もいまだにそう思っていることが想像される。

山場では、自分の過ちをエーミールに告白しにいく場面に着目する。

……そこで、それは僕がやったのだ、と言い、詳しく話し、説明しようと試みた。
　すると、エーミールは、激したり、僕をどなりつけたりなどはしないで、低く「ちぇっ。」と舌を鳴らし、しばらくじっと僕を見つめていたが、それから、
「そうか、そうか、つまり君はそんなやつなんだな。」
と言った。
　僕は、彼に、僕のおもちゃをみんなやる、と言った。それでも、彼は冷淡に構え、依然僕をただ軽蔑的に見つめていたので、僕は、自分のちょうの収集を全部やる、と言った。しかし、彼は、
「結構だよ。僕は、君の集めたやつはもう知っている。そのうえ、今日また、君がちょうをどんなに取り扱っているか、ということを見ることができたさ。」
と言った。

その瞬間、僕はすんでのところであいつの喉笛に飛びかかるところだった。

「試みた。」とあるのは、やってはみたが最後までは僕の思いを伝えることができなかった、ということである。なぜ伝えることができなかったのか。それは、その後に続くエーミールの冷淡な様子に原因があるかのように書かれている。「じっと僕を見つめ」「『君はそんなやつなんだな』」と僕を冷静に断罪するエーミールである。

しかし、なぜ、エーミールは「激したり、僕をどなりつけたりなどはしない」のであろうか。この場面の少し前に次のような文がある。

彼は出てきて、すぐに、誰かがクジャクヤママユをだいなしにしてしまった、悪いやつがやったのか、あるいは猫がやったのかわからない、と語った。

この文から、日頃は冷静なエーミールの激しい動揺が読めないだろうか。この作品の中で、エーミールが唯一見せている感情を露わにした人間らしい様子である。「出てきて、すぐに」とは、つぶれたクジャクヤママユを発

見した時の驚愕や怒りや悲しみを、家族以外の誰かにもぶちまけたい思いがうかがわれる。とすると、なぜ、エーミールは「激したり、僕をどなりつけたりなどはしない」のか、エーミールの別の一面が想像できるのではないか。

「僕」が、エーミールに説明しようとしたこととは、黙って部屋に入り誘惑に負けてクジャクヤママユを盗もうと思ったこと、見つかりはしないかと恐れて思わずちょうをポケットに突っ込んだこと、良心に目覚めて元に返そうと部屋に戻ったのだが、そこで初めてクジャクヤママユがつぶれてしまったことに気づいたこと、等である。しかしこれらはエーミールにとっては、相手の気持ちに想像が至らないあまりにも子どもっぽい考えであるだろう。「激したり」「どなりつけたり」するのは、二人が対等の場合であることが前提となる。エーミールの中では、怒りの感情の前に僕に対する諦念が生まれてしまったのではないか。また、クジャクヤママユを潰された深い悲しみを感じてはいても、それを表す術をもたなかったのかもしれない。

このように、形象よみでは読めなかったエーミールの別の人物像が見えてくる。それは、少年時代の「僕」はもちろん、大人になった「僕」もまだ見えていないエーミール像なのである。

3 「少年の日の思い出」吟味よみの授業

以下は、二〇二〇年二月に熊添が福岡県八女市立見崎中学校1年1組で行った授業を再構成したものである。

子どもは、4人ずつ八つのグループに分かれている。

教師① 今日は、「少年の日の思い出」の吟味よみをします。学習課題は「エーミールの人物像をとらえよう」です。エーミールについては形象よみのところで読んできましたが、もう一度作品全体を通してエーミールについて考えたいと思います。

作品の中でエーミールが登場したのはどの場面？

子ども コムラサキをエーミールに見せた場面。

子ども エーミールに謝りにいった場面。

教師② そうですね。では、この二つの場面を通して、エーミールはどんな人物だと考えられるか、根拠を挙げながら、自分の考えをノートに書いて下さい。

（5分経過）

教師③　5分経ちました。ではそれぞれのグループでエーミールをどんな人物と考えるか話し合って下さい。5分でいいですか。では始め。

（5分経過）

教師④　はい、話し合いをやめてください。それでは、コムラサキを見せた場面ではどうですか。はい、2班。

子ども　「僕」がコムラサキを見せたとき、エーミールが言っているのはその通りかもしれないけど、言われた時の僕の気持ちを考えていないと思います。

教師⑤　「僕」はその指摘を何だと言っていますか。

子ども　難癖。

教師⑥　そうですね。他にありますか。4班。

子ども　エーミールは「非の打ちどころがない」とか「あらゆる点で模範少年」とあるので優秀な子どもだとは思うけど、「悪徳」とか「二倍も気味悪い性質」とあるので、人に対する思いやりとかをあまりもたない人物のように思います。

教師⑦　では、謝りに行った場面ではどうですか。3班。

子ども　「説明しようと試みた。」とあるので、「僕」のちょうへの愛情やいろいろな気持ちを最後まで聞かずに自分勝手に僕を判断し軽蔑しているので、人の気持ちを思いやれない人物だと思います。

教師⑧　この意見に対しては、どうですか。1班。

子ども　確かに「僕」はわざとクジャクヤママユを壊したわけではないのに「そんなやつ」と決めつけているので、3班の意見には賛成だけど、エーミールも自分が大事に育てたちょうを突然潰されたわけだから、冷たく傷つけるように怒るのもわかる気がします。

子ども　私も1班の意見に賛成です。「僕」は少し子どもっぽいと思います。なぜなら、償いをしようとしているときもおもちゃを先に出して許してもらおうとしていることから、エーミールに軽蔑されてもしかたがないと思います。

子ども　僕もエーミールは人の気持ちを考えられない人物なのではなく、ちょうへのこだわりが強いだけだと思います。コムラサキを見せたときもそうだったけど、「僕」は実際ちょうを雑に扱っているし、エーミールの言い方はきついけど、もっと大人になりなよと、教えたかったんだと思います。

教師⑨　ここでみんなの意見を整理します。最初は、僕の気持ちを考えない、思いやりのないエーミールという意見からスタートしましたが、後からは、新たなエーミール像とも言える意見と共に、僕に対する批判的な見方も出てきました。それぞれに根拠を挙げながら述べているので、なるほどと思える意見だったと思います。

　このように、「②人物を吟味する」という視点で、もう一度作品を読み直してみると、たとえば、僕がおもちゃを先に出して謝ろうとする場面や、青いコムラサキを見せたときのエーミールの批評の一つ一つが実は、しかけとしても書かれていることに気づくことができて面白いと思いませんか。

　では、今日の討論をもとに、どの意見に賛成するか、自分の考えをまとめて吟味文を書いて下さい。

　形象よみの段階ではまだ深く読めていなかった部分が、吟味よみとして再読する中で「しかけ」として見えてくることがある。それが授業の中で見えてくる討論を成立させる方法の一つとして、個人の読みの段階のノートを集めて分析し、それを討論の中に出させる手だてを取ることが有効である。

注

（1）阿部昇『増補改訂版　国語力をつける物語・小説の「読み」の授業』二〇二〇年、明治図書、一九〇頁

【物語・小説・古典の授業で「対話的な学び」を最大限に生かす】

5　古典の授業で「対話的な学び」を最大限に生かす
――教材「おくのほそ道」冒頭を使って

加藤　郁夫（大和大学）

1　古典の授業は魅力がない!?

二〇二〇年六月に日本学術会議（言語・文学委員会古典文化と言語分科会）から『高校国語教育の改善に向けて』という提言（以下、〈提言〉と呼ぶ）が出された。主として、二〇一八年に出された高等学校学習指導要領の科目構成に関わるものであるが、「合わせて不人気科目であることが解消されないことが予想される古典教育の改善[1]」についても言及している。

「古典に対する学習意欲が低い」（中教審答申、二〇一六）ことは、近年に始まったことではない[2]。〈提言〉は「古典教育の改善」として次のように述べている。

古典嫌い・無関心を大量に作り出している主な要因は何か。それは教師側にも生徒側にも根強く存在する、品詞分解と現代語訳に終始する固定的で受動的な授業形態にある。このような押しつけ的授業から抜け出す工夫をし、柔軟な発想を導入した改革が必須である。

古典の授業に魅力がないのは、高校だけに限らない。小学校や中学校の問題があまりクローズアップされないのは、扱う古典の量が少なく、現代語訳が付されているものが多く、古典文法をあまり扱わないで済ませられるからである。小学校・中学校では魅力的であったものが、高校で一気にその人気を下げるわけではないのである。

〈提言〉は「同じ教材を繰り返し学ぶ利点を重視」と述べ、「枕草子初段・竹取物語・百人一首、平家物語冒頭・徒然草序・奥の細道序文など」「小学校から繰り返し習う古典作品」に着目し、「長期的展望に立った教育」の必要性を述べている。本稿で扱う「おくのほそ道」冒頭もまさにその一つである。

2　小・中学校の教科書掲載の現状

小学校では、光村図書と東京書籍が5年の教科書に冒頭（月日は〜旅をすみかとす）までを載せている。中学では3年の教科書に掲載されている。掲載箇所は冒頭と平泉が中心であることでは変わらないが、教科書会社によって、微妙に異なっている。

光村図書と東京書籍は、冒頭（月日は〜庵の柱に懸け置く）と平泉（三代の〜光堂の句まで）である。

教育出版は、はじめに「旅への思い　―芭蕉と『おくのほそ道』―」という文章を置き、その後に「旅立ち」とタイトルを付けて冒頭（月日は〜庵の柱にかけおく）、その後に平泉（三代の〜「夏草」の句まで）を載せる。さらに立石寺を載せ、「蛤のふたみに別れ行く秋ぞ」の句で終わっている。旅の行程を一通り追う構成といえる。

三省堂は、冒頭（月日は〜庵の柱に懸け置く）と平泉（三代の〜光堂の句まで）、立石寺の三つを載せている。

3　「おくのほそ道」冒頭を読む

「深い学び」の実現のためには、教材研究の深さが欠かせない。私自身の経験からいっても、古典教材においては現代文教材以上の教材研究の深さが現在は求められる。それほどに古典分野の教材研究は遅れている。教材研究が進めば自ずとその負荷が減少することは言うまでもない。「品詞分解と現代語訳に終始する」授業では、教材研究の深さはほとんど求められない。

「月日は百代の過客にして」は、李白「春夜宴桃李園序」に由来すると説明される。しかし、それだけでは単なる知識の伝達である。それが表現にどのような意味をもっているのか、どのような効果を生み出しているかを考えるようにしなくては子どもの古典に対する興味・関心は深まらない。1〜2時間で軽く扱う場合であっても、子どもたちが考える要素が授業には求められる。教師が読めていないものを、子どもがどうして深く読むことができるだろうか。教師の深い教材研究があってこそ、対話的な学びも可能となる。

月日は百代の過客にして、行きかふ年もまた旅人なり。舟の上に生涯を浮かべ、馬の口とらへて老いを迎ふる者は、日々旅にして旅をすみかとす。[3]

小学校の教科書には、右の箇所が口語訳とともに載せられている。有名な冒頭であり口語訳もあるので、音読して教師が『おくのほそ道』や芭蕉について少し説明を加えて終わるといった授業も多いのではないか。しかし、そのような授業では「対話的な」学びはもとより、子どもたちに古典の魅力は伝わってはいかない。

ではどうするか。一つ一つの表現にこだわり、その意味や効果、さらには文章の工夫を読んでいくのである。

「月日は百代の過客にして」と「行きかふ年もまた旅人なり」が対句になっている。そして「舟の上に生涯をうかべ」と「馬の口とらえて老いをむかふる者」も対句である。ただし、「月日」に対して「行きかふ年」、「百代の過客」に対して「旅人」と、きっちりとした対句とはいえない。

「月日」と「年」でいえば、普通なら、年、月、日の順番ではないだろうか。なぜ月日が先で、年が後なのだろうか。古語辞典には、次のように記されている。

月日　①月と太陽　②暦の上の月と日　③多くの月と日　④一日、ひと月と経過していく時の流れ[4]

「年」との対応であれば、月日は②～④の意味になるだろうが、①の月と太陽の意味があることがわかる。月と太陽とすれば、月と太陽を擬人化し、宇宙的なスケールで書き出していることになる。日月とすれば、太陽と月の意味は明瞭になるが、多くの月と日といった意味は希薄になってしまう。「月日」とすることで、二つの意味をうまく重ねて表現していることがわかる。また李白の「光陰は百代の過客なり」をそのままに用いなかった意味もわかる。「光陰」では、「年」と対にはならない。

過客は旅人の意であるが、過客が漢語であるのに対して、旅人は和語である。「百代の過客」は難しい表現だが（李白に由来する表現であることがわかる読者層を芭蕉は想定していただろうが）、それがわからなくても「行きかふ年もまた旅人なり」を読めば、何となく意味は理解できる。スケールの大きさや言葉の違いが工夫された表現といえる。[5]

さらにこの一文、リズムにも工夫がある。「月日は／

百代の／過客にして／行きかふ年も／また旅人なり」4・5・6・7・8音と、一音ずつ増えていく独特のリズムである。書き出しのリズムが、読者を作品世界に心地よく入り込ませる。

冒頭の一文が、時間を旅人とする抽象的な表現であるのに対して、次の一文は船頭や馬子をあげて具体的に述べる。「旅人」に対して、「日々旅にして旅をすみかとす」と表現を変える。一文と二文は対句ではないが、同じことを述べており、表現上は対をなしている。また、②文は、水上交通と陸上交通を対比的に述べてもいる。

さらにここまで、「旅人」「旅」「旅」と旅が繰り返される。「過客」まで含めれば旅が四回繰り返されており、冒頭では旅を強く意識させる。

芭蕉が『おくのほそ道』を書いたのは、旅の三年後とも言われ、死ぬまで推敲を重ねていたという。一つ一つの表現が、練りに練られたものであることを私たちは意識して読まなくてはならない。教師が読めていることで、子どもは表現の工夫を考えていくことができる。教師が教えるのではなく、子どもたち自身が表現を読み解き、工夫を見つけていくのである。

中学の教科書ではもう少し後まで掲載されている。

> 古人も多く旅に死せるあり。予もいづれの年よりか、片雲の風にさそはれて、漂白の思ひやまず、海浜にさすらへて、去年の秋、江上の破屋に蜘の古巣をはらひて、やや年も暮れ、春立てる霞の空に、白河の関越えむと、そぞろ神の物につきて心をくるはせ、道祖神の招きにあひて、取るもの手につかず、股引の破れをつづり、笠の緒付けかへて、三里に灸すゆるより、松島の月まづ心にかかりて、住めるかたは人に譲りて、杉風が別墅に移るに、
>
> 草の戸も住み替はる代ぞ雛の家
>
> 面八句を庵の柱に懸け置く。⑥

「古人」は、李白や杜甫、西行や宗祇を指していると教科書で説明されている。しかし文章の中に、その証拠はない。芭蕉という俳人を知っていることから出てくる解説でしかない。古典の授業の問題点の一つに、多くを知っている教師があまり知らない子どもに教えるということがある。もちろん、教えなくてはならないことはある。しかし、知っている教師が知らない子どもに教えるという形をとる以上、一方的な伝達にしかならない。そこに古典の授業が面白さに欠ける一つの要因がある。教

えることが、子どもを作品の文章や表現にこだわることから遠ざけてしまうのである。

「古人も多く旅に死せるあり」の一文を、文脈の中で読むのである。時間を旅人と呼び、船頭や馬子は日々を旅の中で過ごしていると述べてきた。船頭や馬子は、「今」を生きる人であり、「旅をすみか」としているのだから、旅で死ぬのは当然といえる。それを受けて「古人も〜」なのである。「今」も旅で死んでいる人がいる。そして「古人も〜」となる。今の人だけでなく、昔の人も旅で多く死んでいるのである。それゆえの「古人も」なのである。「古人」が誰を指すのかは、読み手が考えればいいのである。時間という大きな流れの中で、そして「今」、さらには過去と戻りながら、旅に生き、死んでいった人々に言及する。そして「予も」とここではじめて自らのことを出す。今も昔も旅で多くの人が死んでいる。そして、「予も」というのだから、自分もいつか旅で死ねたらという願い・決意のようなものが「も」には読めてくる。冒頭の旅を大きな時間の流れの中でとらえ、船頭や馬子という今の人、古人と、旅の中で死んだ人々をあげることで、旅に生きる人生を語り、旅の中で死んでいく姿を語る。「古人も多く旅に死せるあり」の一文は、そこから自身のことへと話題を向け、旅に生きる思い、旅で死ぬことを本望とする「予」の決意を語る、その重要な結節点となる一文なのである。

ただし、芭蕉の時代の旅が命を懸けるような大変なものであったかというと、そうではない。芭蕉は、西行に憧れ、その生き方を理想としていた。旅にかける芭蕉の思いは、当時の人々の感覚ではなく、五百年前のものであることを教師は踏まえておく必要はある。板坂耀子は「芭蕉の『おくのほそ道』は名作だが、江戸時代の紀行としては異色作である。」「近世の旅という題材を使って、あこがれの中世の紀行作家たちと限りなく近い旅の世界を作り上げた。」と述べている。(7)

「月日は〜旅に死せるあり。」までは、三つの短い文で構成されているが、「予も〜懸け置く。」までは、文の切れ目がない。もちろん、当時に句点はないのだから、いま私たちが教科書で読むように句切られていたわけではない。しかし、「月日は〜旅人なり」「舟の上に〜旅をすみかとす」「古人も〜死せるあり」は、「なり」「す」「あり」と終止形で結ばれ文法的にも、明確に分けられる。

しかし、「予も」以降はそうなってはいない。強いて句点を置くならば「取るもの手につかず」の後くらいである。ただ、ここにしても旅への思いが募るから、股引の破れを綴るのであり、意味の上ではつながっている。

つまり「月日は～懸け置く」までのまとまりで見るならば、「予も」以降とそれまでとでは、明らかに文章のリズムが変わる。人生は旅であるという一般的な叙述から、「予」自身のことという変化である。さらには「予も」以降において、前半は「片雲」「漂白」「海浜」「江上」「破屋」と漢語が多用される。それに対して後半「やや年も暮れ～人に譲りて」まではほぼ和語で語られる。

また、「そぞろ神の物につきて心をくるはせ」と「道祖神の招きにあひて、取るもの手につかず」、「股引の破れをつづり」と「笠の緒付けかへて」と対句が登場する。さらに「白河の関」「松島の月」と具体的な地名（歌枕）が示され、どこへの旅か、何を見たいのかも示される。

4　対話的な学びを考える

「対話的」な学びとはどのようなものだろうか。対話にはいくつもの層がある。子どもの中における自己内対話、ペアや班での話し合いによる子ども相互の対話、子どもと教師の対話、学級全体での対話。これらは、互いに関連しながら展開される。教師の発問が、子どもの自己内対話を生み出し、それが班での話し合いとなり、学級全体の話し合い・討論へと発展していく。その過程においても、班の話し合いでの教師の助言が子どもの自己内対話を引き出すことや全体での話し合いから再び班の話し合いに戻ることもある。

しかし、子どもが話をしていれば対話というわけではない。対話の大本には思考が求められる。自分で考える。次いで、自分の考えを他者に伝える。他者に伝えようとすることは、どうすればうまく伝えられるかを考えることでもある。また他者の考えを聞くことは、それと自分の考えを比べて考えていくことにもなる。場合によれば、他者に反論を試みようとすることで考える。他者の考えを受け入れることで、自らの考えを修正することもある。対話には、そのような複雑なやり取りがある。

ではそのような対話の中で何が大事になるのか。一言で言えば、発見である。子ども一人ひとりにとっての発見であり、集団としての発見である。学習の前には見えていなかった、気づいていなかったことが見えるようになることである。考えの発展、深まりといってもよい。単眼的な思考から複眼的な思考への広がりもそこには求められる。前節で『おくのほそ道』冒頭に関わる教材研究を述べたが、もちろんそこで述べたことをすべて扱う必要はない。「月日〜」と書き出す意味や効果、「旅」を繰り返す効果、文章のリズム……。それらを文章の中に発見していくことが、「対話的な学び」を促し、古典の魅力を見出していくことにつながるのである。

5 「おくのほそ道」冒頭の授業シミュレーション

以下では、加藤が以前行った授業を基に、小学五年生を対象とした授業シミュレーションを示す。教材文は、教科書本文に「古人も〜死せるあり」を加えたものを扱う。音読、意味の説明の後の授業である。

教師①　今読んだところ、文はいくつありましたか。
子ども　三つ。
教師②　ここには、作者の工夫がたくさん散りばめられています。どんな工夫があるか、みんなで見つけよう。

（個人で1分、班で3分の話し合い）

教師③　どんな工夫が見つかりましたか。
子ども　「舟の上に生涯を浮かべ、馬の口とらへて老いを迎ふる者は」のところが、対句になっている。
教師④　はい。もう一か所対句ない？
子ども　「月日は百代の過客にして、行きかふ年もまた旅人なり」
教師⑤　対（つい）ってどういう意味？
子ども　二つで一つ。
教師⑥　だから対句というのは？
子ども　似た表現が二つ並べられている。
教師⑦　何と何が対になっているか、もう一度確認して。
子ども　「月日」と「行きかふ年」、「百代の過客」と「旅人」が対になっている。
子ども　「舟の上」と「馬の口」、「生涯を浮かべ」と「とらへて老いを迎ふる」が対。
教師⑧　冒頭で対句を並べて表現しているんだね。どういうことを言っているの？
子ども　月日や年は旅人。
子ども　船頭さんや馬子は一年中旅している。

教師⑨　つまり、船頭や馬子は？
子ども　旅をしている人、旅人。
教師⑩　「旅をすみか」ということはどういうこと？
子ども　旅が自分の住む家になっている。
子ども　旅の中に生きている。
教師⑪　「古人」どういう意味？
子ども　昔の人
教師⑫　「古人も多く旅に死せるあり」の意味は？
子ども　昔の人もたくさん旅で死んだ人がいる。
教師⑬　なぜ「古人も」なの？
子ども　……
教師⑭　「古人」の反対は？
子ども　今の人
教師⑮　今の人のことはどこで述べていた？
子ども　船頭や馬子
教師⑯　「旅をすみか」としているということは？
子ども　旅に生き、旅で死んでる。
子ども　今の人の船頭や馬子は旅で死んでいる。それに対して、「古人も」といっている。
教師⑰　そうだね　今の人も昔の人も、旅で死んでいる人がたくさんいるというのだね。

注

（1）日本学術会議（言語・文学委員会古典文化と言語分科会）提言『高校国語教育の改善に向けて』（http://www.scj.go.jp/）二〇二〇年六月三〇日要旨より
（2）〈提言〉でも触れているが、二〇〇五年度の国立教育政策研究所の調査（高等学校三年生を対象）では、古文を好きとは思わない生徒が七割を超えていた。加藤が二〇一〇年に著した『日本語の力を鍛える「古典」の授業』（明治図書）も魅力のある古典の授業をどう創るかという問題意識のもとで述べたものである。
（3）光村図書『国語五　銀河』二〇二〇年
（4）『例解古語辞典　第三版　ポケット版』三省堂、一九九三年
（5）『おくのほそ道』が書かれる前に、『古文真宝』（李白「春夜宴桃李園序」も収録されている）や井原西鶴『日本永代蔵』が出版されており、「光陰は百代の過客」は、当時の知識人に知られていた。教師には、先行する作品についての理解があるとよい。
（6）光村図書『中学国語3』二〇二一年
（7）板坂耀子『江戸の紀行文　泰平の世の旅人たち』（中公新書）二〇一一年

【説明文・論説文の授業で「対話的な学び」を最大限に生かす】

6　説明文・論説文の構造の授業で「対話的な学び」を最大限に生かす
——教材「パラリンピックが目指すもの」（藤田紀昭）を使って

永橋　和行（京都府・立命館小学校）

1　説明的文章の構造を読むことのねらい

説明的文章の構造を読むことによって、次の四つの力を身につけることができると考える。

①文章全体の大きな論理の流れが俯瞰できる。

②「はじめ（序論）・なか（本論）・おわり（結び）」（以下「はじめ・なか・おわり」と表記）を把握することで、論理のまとまりを把握することができる。

③文章全体の構造を俯瞰するための指標がわかり、子ども自身の力で、さまざま文章の構造を読みとることができるようになる。

④説明的な文章を書くときに、文章の構造を考えて書くことができるようになる。

2　説明文・論説文の構造を読みとる指導過程

次のような指標にもとづいて、文章全体を「はじめ・なか・おわり」に分ける。

はじめ　文章全体の問題提示（問い）が書かれている。話題提示が書かれている場合もある。

なか　問題提示（または話題提示）に対する具体的な説明が書かれている。

おわり　問題提示の答えや全体のまとめが書かれている。筆者の考えや新しい問題提起が書かれている場合もある。

以下が指導の手順である。

①問題提示（話題提示）がどこに、どのように書かれているのかを読みとる。これで「はじめ」がわかる。

②問題提示のまとめがどこに、どのように書かれているのかを読みとる。これで「おわり」がわかる。
③問題提示に対して、「なか」でどのように説明、論証されているのかを確認する。
④「なか」の内容を考えて、さらにいくつかのまとまりに分ける。（「なか1」「なか2」……）

3 「対話的な学び」とは何か

対話的な学びとは、教師による一方向の講義的な授業や教師と子どもの一問一答式の授業ではなく、子ども自身の自己内対話、教師と子どもとの対話、子どもと子どもとの対話（応答）を通して学習内容を深めていく授業と考える。たとえば、説明的文章の構造を読みとる授業で、「はじめ」「なか」「おわり」がそれぞれどこなのか、問題提示や答えがどこにどのように述べられているかを、子どもたちが検討する過程そのものが対話的な学びである。

4 「パラリンピックが目指すもの」の教材研究

(1) 教材について

「パラリンピックが目指すもの」は、東京書籍の三年生下巻に掲載されている説明文である。二〇二〇年に初掲載された。障害者スポーツの祭典であるパラリンピックの二つの競技種目（水泳とボッチャ）について説明し、さらにパラリンピックに出場する選手たちが持つ四つの大切なこと（勇気・強い意志・インスピレーション・公平）について述べ、パラリンピックが目指す意義について説明している。

(2) 構造よみ

以下が教材文の4段落と9段落〜11段落である。

> 4 ①パラリンピックのきょうぎには、いろいろな種目があります。②オリンピックとほとんどかわらないルールのものもありますが、ルールの一部をくふうしてかえることで、しょうがいのある人がさんかできるようにしているものもあります。③また、パラリンピックにしかないきょうぎもあります。④ここでは、夏のパラリンピックで行われる、二つのきょうぎについてしょうかいしましょう。
> 9 ①国際パラリンピック委員会では、出場する選手たちが持つ力を四つに分類し、それがパラリンピックにとって大切なものであるとしています。②それは、「勇気」「強い意志」「インスピレーション」「公平」の四つです。

10①「勇気」とは、しょうがいに対して、前向きに乗りこえようとする精神力のこと。②「強い意志」とは、苦しいことやむずかしいことに直面してもけっしてあきらめず、自分のげん界をこえようとする気持ちのこと。③「インスピレーション」とは、きょうぎを通して人々の心をゆさぶり、共感させる力のこと。④そして「公平」とは、どのようなしょうがいがあっても、それを多様さとして受け入れ、くふうすることによって、だれもが同じスタートラインに立てることを気づかせる力のことです。
11①さまざまなしょうがいのある選手が、きびしいトレーニングをつんでいどむパラリンピック。②それは、人が持つ多様さをみとめ、だれもが平等に活やくできる社会の実現を目指すためのものなのです。

この文章の構造は、次のとおりである。

はじめ　1～4
なか　5～10
　なか1　5～6
　なか2　7～8
　なか3　9～10
おわり　11

1～3段落は、オリンピックとパラリンピックについて説明している。4段落は、パラリンピックの競技の概要を説明し「ここでは、夏のパラリンピックで行われる、二つのきょうぎについてしょうかいしましょう。」と問題提示を示す。したがって、ここが「はじめ」である。

4段落の問題提示を受けて、5段落から具体的に水泳とボッチャの競技について説明されている。最後の11段落で、「パラリンピックは人が持つ多様さを認め、だれもが平等に活躍できる社会の実現を目指すものなのです。」とパラリンピックが持つ意義についてまとめている。したがって11段落が「おわり」である。

4段落の問題提示は、5～8段落までにしかかかっておらず、9～10段落にはかかっていない。9～10段落は、「パラリンピックに出場する選手たちが持つ四つの大切なこと」について書かれている。しかし9～10段落を付加することで、水泳とボッチャの競技のルールの変更の理由を知ることができる。したがって、9～10段落も含めた5～10段落が「なか」になる。この文章は、どこからが「おわり」なのかを判断するのが難しいが、9～10段落を付加と見ることで、文章全体の構造がきれいに見えてくる。

なお5～6段落は、水泳について説明されており「なか1」になり、7～8段落は、ボッチャについて説明されており「なか2」になる。9～10段落は、パラリンピックの選手たちにとって大切な四つのものについて説明されており「なか3」になる。「水泳」と「ボッチャ」の小見出しは段落に入れない。

(3) 吟味よみ

あまり知られていないパラリンピックの競技やルールについて、わかりやすく説明している。「なか1」と「なか2」の順序性について子どもに考えさせたい。よく知られていて、わかりやすい水泳を先に説明して、あまり知られていないボッチャを後で説明していると考える。水泳やボッチャのルールの工夫こそが、人が持つ多様さを認め、誰もが平等に活躍できる社会の実現を目指すというまとめを支えている。同時にそのまとめは、選手のためだけではなく、選手が世界の人々にアピールしているものでもある。

5 指導計画（全9時間）

① 範読・音読・新出漢字・難語句調べ等　1時間
② 構造よみ　文章全体の構造を読みとる　2時間
「はじめ・なか・おわり」に分けて、問題提示を読みとる。「なか」をさらに三つに分ける。
③ 論理よみ　「はじめ」の問題提示を読みとり、何について説明している文章なのかを読みとる。　1時間
「なか1」の論理関係を読みとり、要約する。　1時間
「なか2」の論理関係を読みとり、要約する。　1時間
「なか3」の論理関係を読みとり、要約する。　1時間
「おわり」のまとめを読みとり、全体要旨をまとめる。　1時間
④ 吟味よみ　水泳とボッチャの順序性を考える　1時間

6 実践事例

以下の記録は、永橋が考えた授業シミュレーションである。子どもは、すでに「はじめ・なか・おわり」がどのように分けられるのかについて、各自考えてあるという想定である。

「授業のねらい」は次のとおりである。

文章全体を「はじめ・なか・おわり」に分け、問題提示とまとめを読みとる。特に、「おわり」については「なか」や「おわり」の指標に基づいて討論を深め、「おわり」は何段落なのかを決定する中で文章全体の構造を読みとる。

(1) 学習リーダー会（授業前）

授業の前に学習リーダーを集めて、本時の学習のポイント（文章全体を「はじめ・なか・おわり」に分けること）と、学習班での課題（学習班のみんなに、自分の考えを発表してもらうこと）を指示する。

教師① 今日の授業は説明文の構造よみです。文章全体を「はじめ・なか・おわり」に分けます。まずそれぞれ自分で考えたことを、学習班で話し合ってください。

(2) 学習班での話し合い

学習リーダーには、ノートに書いてある各自の考えを順番に発表させるように指導している。みんなの考えが出た時点で話し合いをする。学習班として考えを一つにまとめてもいいし、いくつかに分かれてもよい。最後にに出された考えを整理し、発表者を決めて机を元に戻す。

(3) 全体での話し合い

教師② では全体で話し合います。まず「はじめ」は何段落までですか。

子ども 僕は、4段落までが「はじめ」だと思います。理由は、4段落④文に、「ここでは、夏のパラリンピックで行われる、二つのきょうぎについてしょうかいしましょう。」と問題提示が書かれているからです。そして次の5段落から、水泳とボッチャのことについて、具体的に紹介しています。

子ども 私も同じです。「4段落④文は、ここでは、夏のパラリンピックで行われる、二つのきょうぎについてしょうかいしましょう。」と、問いの形にはなっていないけど、これから競技について説明しますよと言っているので、問題提示と考えていいと思います。

教師③ 皆さんいいですか。では「はじめ」は、4段落までにします。

「はじめ」については、別の意見も特に出ず、子どもも納得しているので、これ以上話し合いをする必要がないと判断し、「おわり」の話し合いに進める。

教師④　では、「おわり」は、何段落からですか。

子ども　私は11段落だけだと思います。理由は、11段落②文で「人が持つ多様さをみとめ、だれもが平等に活やくできる社会の実現を目指すためのものなのです。」とパラリンピックの意義をまとめているからです。

子ども　僕は、9～11段落が「おわり」だと思います。理由は、4段落の問題提示の「二つのきょうぎについてしょうかいしましょう。」について具体的に書かれているのは5～8段落までだと思うからです。9～10段落は、「国際パラリンピック委員会では、出場する選手たちが持つ力を四つに分類し、それがパラリンピックにとって大切なものであるとしています。」と書かれていて、4段落の問題提示についての説明ではありません。だから9～10段落は、「なか」ではなくて「おわり」に入れる方がいいと思います。

教師⑤　二つの意見に分かれました。他の分け方の意見はありませんか。では、話し合いをして深めたいと思います。意見を言ってください。

子ども　私は、9～11段落が「おわり」だと思います。理由は、5～8段落で水泳とボッチャの紹介をして問題提示に答えていると思います。そして9～11段落でパラリンピックの大切なものについてまとめているからです。

子ども　9～10段落は、まとめではないと思います。確かに9～10段落は、4段落の問題提示の説明にはなっていないけど、9～10段落があることで水泳とボッチャの競技のルールが変更されていることがわかります。だからまとめというより、どちらかというと5～8段落の付け足しととらえ「なか」に入れる方がいい。

子どもは、9～10段落をどうとらえるのかで、迷っているようである。9～10段落が持つ意味や役割をさらに考えさせたい。

教師⑥　「おわり」をどこにするかというのは難しいで

すね。9~10段落をどう読みとるかで、「なか」に入れるのか、「おわり」に入れるのか違ってきますね。9~10段落について意見を言ってくれませんか。

子ども やっぱり9~10段落は、4段落の問題提示の答えになっていないので「なか」に入れるのは違うと思います。「おわり」に入れる方がいいと思います。

子ども さっきも言ったけど、確かに9~10段落は、問題提示の答えになっていないけれど、パラリンピックの選手たちが持つ大切な四つのものである「勇気・強い意志・インスピレーション・公平」について説明されています。そして特に「公平」については、「どのようなしょうがいがあっても、それを多様さとして受け入れ、くふうすることによって、だれでもが同じスタートに立てることに気づかされる力のこと」と書かれていて、5~8段落の水泳とボッチャの競技のルールが変更される理由を、ここで知ることができると思います。だから「なか」に入れる方がいいと思います。「おわり」は11段落だけだと思います。

> 9~10段落がもつ意味について、このままでは話し合いが深まらないと判断し、「9~10段落を無くすと、どういう意味があるのかを考えてみよう。」と、教師から提案してみることにする。なお、この（一度その言葉や文を無くして考えてみる）という方法は、他の読みとりでも有効である。

教師⑦ 9~10段落は、5~8段落の補足ととらえたのですね。では一度、9~10段落を無くして考えてみたいと思います。9~10段落を無くすとどうなりますか。

子ども 9~10段落が無くて、8段落の後にいきなり11段落があると、「人が持つ多様さをみとめ、だれもが平等に活やくできる社会の実現を目指すためのものなのです。」というまとめがよくわからないと思います。

子ども 9~10段落の「パラリンピックの選手にとって大切な四つのもの」の説明があることで、11段落のパラリンピックの意義や題名の「パラリンピックが目指すもの」の意味がよくわかると思います。だから9~10段落は必要です。

子ども 私も9~10段落は必要だと思うのですが、11

段落のために必要ではなくて、5～8段落の水泳とボッチャのために必要だと思います。9～10段落があることで、水泳とボッチャのルールの変更の理由がわかるからです。いきなり11段落でパラリンピックの意義というかまとめが書かれていても、二つの競技のルールの変更の理由がよくわかりません。

子ども　9～10段落は、11段落のまとめの理由として読みとるのではなく、やっぱり5～8段落の詳しい説明というか、追加の説明ととらえた方がいいと思います。だから、9～10段落は、「なか」に入れる方がいいと思います。

教師⑧　確かに9～10段落を5～8段落の補足と見ることで、文章の構造がすっきり見えてきますね。9～10段落は「なか」に入れることにします。

> 子どもの対話や討論を深めるといっても、やみくもに話し合いをさせればよいというわけではない。まず一人ひとりに自分の考えを持たせ、次に班（小グループ）で話し合い、そして全体で話し合う等の丁寧で段階を踏んだ指導が必要である。また、意見が出ないときの教師の助言や、逆にいろいろな意見が出て、話し合いの進め方が見えなくなったときの教師の的確な意見の整理と、話し合う内容の絞り込みが必要不可欠である。

参考文献

「読み」の授業研究会・関西サークル『小学校国語科「言葉による見方・考え方」を鍛える説明文・論説文の「読み」の授業と教材研究』二〇二〇年、明治図書
永橋和行「『主体的・対話的で深い学び』を生み出す学習集団の指導」読み研「研究紀要」編集委員会編『研究紀要十七』二〇一八年

【説明文・論説文の授業で「対話的な学び」を最大限に生かす】

7　説明文・論説文のロジック・思考法の授業で「対話的な学び」を最大限に生かす

――教材「固有種が教えてくれること」（今泉忠明）を使って

町田　雅弘（茨城県・茗溪学園中学校高等学校）

1　論理よみで行っておくべき授業内容

論理よみは以前「要約よみ」と呼ばれていた。そのためか、柱の部分（段落・文）を見つけて要約をする技能を身につけるステップと考えられがちであった。しかし、ここで終えてしまうと、この後に続く吟味よみにつながっていかない。論理よみが三読法の第二段階に位置することを考えると、論理よみという段階で行っておくべき内容が見えてきそうだ。

特に論説文において、柱の部分（段落・文）に着目することは、筆者の「主張」をつかむこととイコールになる。この筆者の主張に妥当性があるか否かを思考する吟味よみを行う場合は、柱ではない部分にこそ着目することが必要となる。この柱ではない部分に筆者の主張を支える「根拠」が表れているからである。柱の部分（段落・文）から筆者の「主張」をまとめ、柱以外の部分から筆者の主張の「根拠」をまとめる。吟味よみを行うためには、論理よみでこの「主張」と「根拠」をまとめておくことが必要不可欠となるのである。

柱以外の部分から主要な「根拠」を見つけ出すためには、文相互の論理関係を探ることが必要になる。場合によっては、対象箇所を見ているだけではなく、文章全体を俯瞰する必要もあるだろう。そのためには、筆者が読者の理解のために用意した工夫（言葉の繰り返しや接続詞など）に気がつける力を養うことも大切だ。対話的に授業を行うことにより深い思考力を身につけさせることができる。その授業モデルは後に示す。

2 「固有種が教えてくれること」分析

本文章は、11の段落から構成されている。1段落でアマミノクロウサギという動物を一般的なウサギと比較することで、「特定の国やちいきにしかいない動植物のことを」固有種というのだと詳しく説明している。そして2段落で、日本にはこの固有種がたくさん生息するゆたかな環境があり、固有種たちがすむ日本の環境をできるだけ残していきたいと述べている。この部分が筆者の主張となると考えられそうだ。3段落以降は、日本に固有種が多いわけを説き明かし始めているので、内容的に考えると1段落・2段落が「はじめ」であると言えそうである。柱の段落は2段落と考えられる。

2段落

（前略）③このウサギと比べることで、「耳が長い」「ぴょんぴょんはねる」「鳴かない」というふつうのウサギの特徴が、長い進化の過程で手に入れられたものなのだということが分かります。④固有種と他の種とを比べることは、生物の進化の研究にとても役立つのです。⑤日本には、固有種がたくさん生息するゆたかな環境があります。⑥私は、この固有種たちがすむ日本の環境を、できるだけ残していきたいと考えています。

2段落の③文は、④文の「固有種と他の種を比べること」を詳しく説明している。また④文は、⑤⑥文の理由を示していると考えることができるであろう。よって「はじめ」の柱の段落・柱の文は、「2段落⑤⑥文」と考えられる。要約文は、「固有種がたくさん生息するゆたかな日本の環境を残していきたい」とまとめることもできるであろう。

3段落から述べられ始める「日本列島の成り立ちと固有種の関係性」は6段落まで続く。なか1となる。また7段落からは「日本の環境と固有種の関係性」に話題が変わり10段落まで続く。なか2となる。よって「なか」は3段落から10段落となる。「おわり」は11段落であると言えるだろう。当然、「おわり」の柱の段落は11段落となる。

11段落

①今、絶滅が心配されている固有種が数多くいます。②絶滅してしまうと、その動物には二度と会うことができなく

なります。③数万から数百万年もの間生き続けてきた固有種は、生物の進化や日本列島の成り立ちの生き証人としてきちょうな存在です。④また、日本列島のゆたかで多様な自然環境が守られていることのあかしでもあります。⑤その固有種は、この日本でしか生きていくことができません。⑥ですから、わたしたちは、固有種がすむ日本の環境をできる限り残していかなければなりません。⑦それが、日本にくらすわたしたちの責任なのではないでしょうか。

11段落⑥⑦文に注目をしてみよう。「はじめ」にある前述の2段落⑤⑥文と同じ内容のことを述べていることに気づくであろう。

「⑥ですから、わたしたちは、固有種がすむ日本の環境をできる限り残していかなければなりません。⑦それが、日本にくらすわたしたちの責任なのではないでしょうか。」

二度繰り返して述べていることからも、また内容から考えても筆者の主張であることが容易に想像できる。主張の述べ方には三通りが存在する。文章の最初に述べる「頭括型」、文章の最後に述べる「尾括型」、最初と終わりに二度述べる「双括型」である。この文章は典型的な「双括型」であると言えるだろう。よって、「おわり」の柱の段落・文は、11段落⑥⑦文と考えられる。(ただし、「全く」同じではなく、多少のズレも存在する。)要約文は「固有種がすむ日本の環境を残していくことが、わたしたちの責任だ」とまとめることもできる。

11段落⑥文の頭に「ですから」という言葉があることにも注目したい。この段落にある、ここ以前に書かれている内容は、筆者の主張の根拠になっているのだ。前提と結論の関係にあたる。

□根拠A

今、絶滅が心配されている固有種が数多くいます。絶滅してしまうと、その動物には二度と会うことができなくなります。(①②文)

□根拠B

数万から数百万年もの間生き続けてきた固有種は、生物の進化や日本列島の成り立ちの生き証人としてきちょうな存在です。(③文)

□根拠C

また、日本列島のゆたかで多様な自然環境が守られていることのあかしでもあります。(④文)

□根拠D

その固有種は、この日本でしか生きていくことができません。（⑤文）

■主張

ですから、わたしたちは、固有種がすむ日本の環境をできる限り残していかなければなりません。それが、日本にくらすわたしたちの責任なのではないでしょうか。（⑥⑦文）

根拠A・B・C・Dと並べたが、中でもBとCについては、11段落よりも以前で述べられている内容と合致する。

根拠B「固有種は、生物の進化や日本列島の成り立ちの生き証人としてきちょうな存在です」は、「固有種と他の種とを比べることは、生物の進化の研究にとても役立つのです。」（2段落④文）の部分と、「日本に固有種が多いわけは、日本列島の成り立ちに関係があります」（4段落①文）の部分を合わせた内容と合致する。

根拠C「日本列島のゆたかで多様な自然環境が守られていることのあかしでもあります」も、「そのおかげで、さまざまな動物たちがくらせる、ゆたかで多様な環境が形づくられたのです」（7段落④文）や「固有種が生き続けていくためには、このようなゆたかな環境が保全される必要があるのです」（7段落⑦文）の内容と合致する。

根拠Bも根拠Cも「なか」で述べてきた内容をほぼ繰り返している。「日本列島の成り立ち」について述べた根拠Bはなか1に、「ゆたかで多様な自然環境」について述べた根拠Cはなか2に、それぞれきれいに対応していると言える。

最後に、このB・Cの根拠と主張の関係から、吟味よみを試みる。詳細は省くが、B・C共に主張に結びつける根拠として問題はなさそうである。しかし、気になる点は主張の主語である「わたしたち」だ。

前述の通り、この筆者はこの主張を3段落でも述べている。「わたしは、この固有種たちがすむ日本の環境を、できるだけ残していきたいと考えています」である。この書き方ならば「できるだけ」だし、「考えている」だけだ。しかし、3段落では主語が「わたし」なのに対して、11段落では「わたしたち」に変化し、しかも「責任」という言葉までつけてしまった。読者である小学生にも

「環境を守れなかった場合、その責任は私達みんなにありますよ」と言っているように聞こえるが、実際のところは守りたいと考えているのは、「研究者であるわたし」なのではないか。

小学生にも他人事としてとらえさせないようにするため「わたしたち」に変え、「責任」という言葉をつけ加えたのか。小学生にも心情的に訴えようとするために、「おわり」では直接述べてはいない根拠A「その動物には二度と会うことができなくなります」や根拠D「この日本でしか生きていくことができません」という根拠を付け加えたのか。そんな気さえしてくる。

3　本教材の論理よみでつけさせたい力

以上述べてきたような特徴を持つ本文章を授業化する場合、児童に身につけさせたい力は何か。特に論理よみに絞って考えると、私は二つあると考える。一つは本文章の構成を支えるロジックを読みとる力、もう一つは主張を支える主要な根拠を見つけ出し吟味よみにつなげる力である。

筆者は、構成を意識して文章を書き進める時、意図的に同じ言葉を使用して揃えたり、接続詞に注意をはらったりと、読者に向けたサインを用意する場合がある。筆者のそうした工夫の跡をつい読み飛ばしてしまうことなく、気がつけるようになる力は文章を読むためにはとても大切なことである。たとえば、本文章でいえば根拠Bの「生物の進化」や「日本列島の成り立ち」といった言葉、また根拠Cの「ゆたかで多様な自然環境」といった言葉は、以前にも使用されており、その部分と対応していることを、サインとして筆者が示している。

もちろん構造よみの段階で気がつく筆者のサインもあるかもしれないが、今回例として示したような、細かいサインはそれぞれのパートを細かく読み進める論理よみでないと気がつくことは難しいであろう。

もう一点は、この後に行う吟味よみにつなげるために、根拠と主張の関係を明らかにしておく必要がある。柱の部分を見つけるとともに、その部分を支える主要な根拠を見つける力を養っておきたい。

4　「固有種が教えてくれること」の論理よみの授業

教師①　復習です。「おわり」の柱の文7段落⑥文の頭に「ですから」とついています。ということは、11段落の⑥文とそれ以外の関係は何になる?

子ども①　前提と結論。

教師②　そうでしたね。つまり、主張を述べるための根拠がいくつか並んでいるようです。（資料掲示。）

□根拠A
　今、絶滅が心配されている固有種が数多くいます。絶滅してしまうと、その動物には二度と会うことができなくなります。（①②文）

□根拠B
　数万から数百万年もの間生き続けてきた固有種は、生物の進化や日本列島の成り立ちの生き証人としてきちょうな存在です。（③文）

□根拠C
　また、日本列島のゆたかで多様な自然環境が守られていることのあかしでもあります。（④文）

□根拠D
　その固有種は、この日本でしか生きていくことができません。（⑤文）

教師③　根拠が四つ並んでいるんでしたね。でもこれらの根拠はどうやらどれもが同じようなものとしてただ並べられている、というわけでもないようなのです。それでは質問です。この四つの根拠のうち、主要な根拠はどれでしょうか。一つかもしれませんし、二つ以上あるかもしれません。さあ、探し出してください。（個人で考え、班討議を経て……。）

教師④　根拠BC案と、根拠D案に分かれましたね。

子ども②　根拠Dだと思います。根拠BCDには「日本」という言葉が入っていて、よく見ると「BCだから、Dと言える」と書いてあるように思えます。Dは、BCをまとめているんじゃないかな。

子ども③　根拠Dに賛成です。④文の頭に「また」という言葉がついているからBCは二つ並んでいることを示しているし、それらを根拠Dである⑤文がまとめているんです。

子ども④　根拠BCが主要だと思います。理由が上手く説明できないんだけど、根拠ADはなんかふんわりとした根拠ですが、根拠BCはより具体的に述べているし大切な気がします。

子ども⑤　根拠Dに反対です。根拠Dは根拠としてどうでもいいっていうか、正確でないっていうか、なんか学問的ではないような気がします。

子ども⑥　根拠ＢＣに賛成です。さっき④文の「また」のことを言ってたけど、この「また」はＢとＣを並べているとも取れるけど、ＡＢとＣＤを並べているのかもしれません。

教師⑤　なるほど。いろいろな考えがありますね。それぞれの意見に、反対意見はありますか。

子ども⑦　根拠Ｄ案に反論です。確かに根拠ＣはＤに近いと思うけど、根拠ＢはＤよりもＡの内容に近いんじゃないかな。内容的には、根拠ＡＢ・根拠ＣＤに分かれるように思います。

子ども⑧　同じく根拠Ｄ案に反論。仮に根拠ＢＣがＤにまとめられているとして、根拠Ａはどうなるんでしょうか。根拠全てのまとめがＤというのならわかるけど。

教師⑥　確かに内容を考えると、そのように読めそうですね。……もう少し何か決め手となる考えが欲しいね。さきほど、そちらの班が「根拠ＡＤは根拠としてどうでもいいような気がする」って言ってたね。どうしてそう思ったの？

子ども⑨　うーん、なんか今まで出てこなかったのに、ここで急に出てきたような……。

教師⑦　お！　ということは、根拠ＢＣは逆にいうと？

子ども⑩　そうか！　今まで出てきていた内容なんだ！

教師⑧　出ているかどうか探してみよう。（班討議）

子ども⑪　根拠Ｃの「ゆたかで多様な自然環境」って、７段落④文の「ゆたかで多様な環境」って出てる。

子ども⑫　⑦文にも「ゆたかな環境」と出てる。

子ども⑬　根拠Ｂの「日本列島の成り立ち」は、４段落①文に「日本列島の成り立ち」と同じだ。

教師⑨　根拠Ｂの「生物の進化」も、どこかに出ていないかな。誰が早く見つけるかな？

子ども⑭　あった！　２段落の④文です。

教師⑩　四つ並んでいた根拠のうちのＢＣは、本文中で今まで述べていた内容だったんですね。だから、具体的だし、学術的なんだ。それに比べて、ＡＤの二つは、根拠として薄いし、後から付け足したような根拠ですね。つまり、根拠ＢＣこそが「なか１・２のまとめとなって、筆者の主張を支える根拠になっていたんでうしてそう思ったの？

すね。よって、この二つの根拠は、他の根拠に比べるとより主要な根拠と言えそうです。次の授業では根拠B・Cから筆者の主張を導き出す論理の吟味をしてみましょう。

5　授業解説

教師③の「この四つの根拠のうち、主要な根拠はどれでしょうか」が、本授業の主発問となっている。小グループとクラス討議の二重討議を行うことで、子ども同士の対話を行いやすくしている。

まず、子ども④の発言に注目してみよう。「理由が上手く説明できないんだけど……」としながらも、頑張って自分の頭に浮かんでいる違和感を言葉として表現しようとしている。まさに発言を通して内言の外言化が行われている。深い思考はここからスタートする。

また、授業内で発せられる子どもの発言は、次の新たな気づきを生み出す場合がある。たとえば、子ども②の発言に対して、それを補強する子ども③の接続詞に関わる発言が生まれる。また、それが子ども⑥の接続詞でつながる範囲の発言につながり、そののち子ども⑦の内容整理の発言につながっていく。授業内でこういう連鎖が起こることは決して珍しくはないであろう。

続いて、子ども③⑤⑥の意見にも注目してみよう。子ども③は「『また』という言葉を根拠に主要となる根拠Dだと主張」(正)している。子ども⑤は「ADが学問的ではないことを理由に根拠Dではないと主張」(反)している。両者の意見は、真っ向から対立している。このままだと両者の意見は平行線状態となる。しかし、子ども⑥は両者の意見を一度自分の中で受け入れ、それぞれの意見を上手に組み合わせて、「主要となる根拠はBCである」という新しい意見(合)を作り出している。

対話的授業を通して、外言化が始まり、相互連鎖的な思考が連なり、弁証法的な思考を導いている。一人一人の生徒に、授業内で深い思考を保障することができるのだ。

【説明文・論説文の授業で「対話的な学び」を最大限に生かす】

8　説明文・論説文の吟味・批判の授業で「対話的な学び」を最大限に生かす

――教材「幻の魚は生きていた」（中坊徹次）を使って

渡邊　絵里（福岡県久留米市立諏訪中学校）

1　吟味・批判の授業における「対話的な学び」

中学校学習指導要領解説国語編（二〇一七年）の「2　国語科の改訂の趣旨及び要点」には、全国学力・学習状況調査等によって表れた中学校の課題が次のように述べられている。

> 複数の資料から適切な情報を得てそれらを比較したり関連付けたりすること、文章を読んで根拠の明確さや論理の展開、表現の仕方等について評価することなどに課題があることが明らかになっている。

また、文部科学省は「Society5.0 に向けた人材育成について」の中で、これから求められる力について、「文章や情報を正確に読み解き対話する力」「科学的に思考・吟味し活用する力」「価値を見つけ生み出す感性と好奇心・探求力」を挙げている。

吟味・批判の授業は、まさしく今子どもたちに求められる力を鍛える上で直接的に関わるところである。与えられた文章を受け身的にただ理解するのではなく、その文章のわかりやすさや説得力の有無などについて考え、意見を出し合い、議論していくことによって、その文章の価値や情報の信頼性が見えてくる。個人で考えるだけでなく対話することによって、いろいろな考えに触れることができ思考の広がりが生まれる。また、新たに出てきた考えについて「なぜ？」と問うことや、「それとは逆の視点で考えるとどうか？」などと議論を展開させていくことで、思考の深まりも生まれてくる。

吟味・批判の授業は、「対話的な学び」を中心に据えることによって、子どもたちに文章や情報の内容だけでなく、その価値を見つけたり、情報の信頼性を判断したりするための探求力を身につけさせる「深い学び」へとつながる授業であると考える。

2 説明文・論説文の吟味・批判の授業

説明文・論説文の授業は、次のような指導過程で行う。

Ⅰ 表層の読み
　語句・漢字指導、黙読や音読の指導など
Ⅱ 深層の読み
　1 構造よみ（構造分析）
　2 論理よみ（論理分析と総合）
　3 吟味よみ（文章吟味・批判）

吟味よみには、「評価的吟味」と「批判的吟味」の二つがある。「評価的吟味」は説明的文章の優れた点を評価し、「批判的吟味」は不十分な点を批判し、それまでの読みをより深めていく読みである。構造よみ、論理よみという指導過程を経て、その内容を踏まえながら吟味よみを行う。吟味よみの前の指導過程において深い教材研究に支えられた授業があってこそ、吟味よみの内容がより深く鋭いものとなる。

3 「対話的な学び」を最大限に生かした説明文の授業
―「幻の魚は生きていた」（中坊徹次）の概要と指導計画

(1) 教材の概要

本教材は、光村図書・中1の説明文教材である。「クニマス」という、世界中で秋田県の田沢湖にだけ生息していた魚が絶滅した経緯と、そのクニマスが遠く離れた山梨県の西湖で発見され、なぜ生き延びることができたのかということについて、わかりやすく説明している。

序論で「クニマスはなぜ田沢湖で絶滅したのか」「なぜ遠く離れた西湖で生きていたのか」という二つの問題が提示され、本論でそれぞれの答えが明確に示され、結びにそれを踏まえた筆者の主張が書かれるという、理解しやすい文章構造となっている。また、書き出しの工夫や、適切な図や資料の提示、述べ方の順序の工夫など、読者が文章をわかりやすいと感じられるようにするための工夫が随所に見られる。文章構造に要約・要旨のまとめ方、さらにそれを踏まえたわかりやすい文章の書き方の工夫を学ぶのに適した教材である。

序論	本論		結び
3－1	14－4		17－15
	7－4	14－8	
	本論1	本論2	
問題提示 クニマスはなぜ絶滅したのか 絶滅したと思われていたクニマスがなぜ遠く離れた西湖で生きていたのか	クニマスは人の手による環境の改変によって、他の多くの生物と共に田沢湖から姿を消した	田沢湖も西湖もクニマスの産卵場所の周囲の水温の偶然の一致によって、西湖で脈々と命をつないでいた	新たな問題提起（筆者の考え） 西湖でのクニマスの保全と田沢湖へのクニマスの里帰りについて

(2) 指導計画

第一時の表層よみで語句・漢字の確認、段落番号の確認を行う。第二時の構造よみで序論・本論・結びに分け、本論を二つに分ける。第四～六時の論理よみで段落相互、文相互の論理関係から柱を見つけ要約文を書き、文章全体の論理関係を捉えながら要旨をまとめる。そのうえで、第七時で吟味よみを行う。

4 「幻の魚は生きていた」（中坊徹次）の吟味よみ

吟味よみの授業では、吟味の方法を重視する。これらの方法が子どもたちに身につけさせるべき教科内容でもある。

> A 評価的吟味
> 1 構成・構造上の工夫の発見
> （1）「序論」―「本論」―「結び」相互の対応
> （2）「本論」の事柄の順序の工夫
> （3）構成上の「対比の工夫」
> 2 論理関係の工夫の発見
> （1）具体例の提示の工夫
> （2）論理についての「対比」の工夫
> （3）表現上の工夫
> （4）写真や図表の提示の工夫
>
> B 批判的吟味
> 1 語彙・表現に着目する
> 2 「事実」の提示と取捨選択に着目する
> 3 根拠・解釈・推理に着目する
> 4 ことがら相互・推理の不整合に着目する
> （「読み」の授業研究会『国語力をつける説明文・論説文の「読み」の授業』二〇一六年、明治図書に基づく）

まず、「幻の魚は生きていた」の評価的吟味からである。序論に二つの問題提示があり、本論がそれに答える形になっていてわかりやすいことがある。これは右の方法中の「1(1)「序論」―「本論」―「結び」相互の対応」を生かした吟味である。また、証拠となるデータが詳細に数値として示されており、客観的な根拠となっているため、書かれている情報が確かなものだと感じられる。たとえば、産卵場所のデータなどである。これは右の方法中の「2(1)具体例の提示の工夫」を生かしている。

図や表があって、文章に書かれていることが視覚的にわかりやすくなっていることも挙げられる。これは「2(4)写真や図表の提示の工夫」を使った吟味である。ニュースの見出しで始まることで引き付けられる。文章冒頭の「絶滅したはずのクニマスが生きていた。」である。これは「2(3)表現上の工夫」を生かしている。

次に批判的吟味である。まず、結びが説明文としての全体のまとめになっておらず筆者の考えが書かれている。序論、本論で述べてきたのは「クニマスはなぜ絶滅したのか」「なぜ遠く離れた西湖で生きていたのか」であったが、結びでは、そこから発展した「西湖でのクニマスの保全と田沢湖へのクニマスの里帰り」についての内容となっている。序論・本論までは説明文として述べており、クニマスの保全や里帰りの要件に関する内容には触れられていないため、序論と本論が結びの筆者の考えを支える根拠とはなり得ていない。これは、右の方法の「3　根拠・解釈・推理に着目する」を生かしている。

次に「なぜ遠く離れた西湖で生きていたのか」の根拠が産卵場所の周囲の水温の一致のみとなっている。本文にはクニマスが生きていた理由について、次のように書かれている。

> 14生物にはそれぞれ、子孫を残していくために必要な環境がある。調べてみると、田沢湖と西湖には共通点があった。水温である。田沢湖も西湖も、クニマスの産卵場所の周囲の水温は、四度だったのだ。移植先の西湖は、クニマスが産卵して生存できる条件を備えていたのである。こうした偶然の一致によって、田沢湖で絶滅したクニマスは、遠く離れた湖底で脈々と命をつないでいたのだ。

また、結びで筆者は次のように述べている。

> 15この西湖でクニマスがこれからも生き続けるためには、どうすればよいだろう。一つには、産卵場所も含めた湖全体の環境を守ることが必要だ。そして、クニマスだけを過度に保護するのではなく、ヒメマスなどの他の生き物と、

> それらの生き物から生活のかてを得ている私たち人間とが、バランスを保って共存していくことが大切である。

4段落で「こうした偶然の一致」と言っているが、水温以外の環境条件に関する言及はない。同じく譲渡された本栖湖と琵琶湖になぜ生存できなかったのかという視点から比較検討する内容もない。そもそも、田沢湖でクニマスが絶滅した理由は、玉川の水を田沢湖に引き入れるという「環境の改変」が原因だったはずである。だとするならば、大前提として西湖の水質が、「環境の改変」が行われる前の田沢湖のように良い状態であることについて述べなければならないのではないか。結びで「環境を守ること」を主張するのであれば、西湖の水温以外の環境的要素がクニマスも含めた生き物の生存にいかに適しているか、ということに言及する必要があるのではないか。また、本論2は、クニマスが三つの湖に譲渡されたことと、研究室に持ち込まれた黒いマスがクニマスであることがわかるまでの経緯に4段落から13段落とその大部分が割かれている。なぜ西湖で生き続けることができたのかについての説明は14段落のみであり、分量としても内容としても乏しい。これは「2「事実」の提示と取捨選択に着目する。」を生かした。

そして、9段落での環境の改変についての書きぶりが適切でない。本文には次のように書かれている。

> 9ところが、その田沢湖一帯を巡る事態が変わり始める。一九三四年、東北地方を大凶作が襲うと、食料の増産が人々にとって切実な課題となった。そこで、玉川の水を田沢湖に引き入れて酸性を弱め、それを農業用水として使うこと、また、電力の供給を増やすため、湖の水を水力発電に利用することが計画された。酸性の水はクニマスをはじめとする田沢湖の生物に打撃を与えてしまう。しかし、人々の生活のためにはやむをえず、一九四〇年、玉川の水は田沢湖に引き入れられたのである。

一方、結びの17段落で筆者が述べている主張は次のとおりである。

> 17しかし、クニマスの里帰りは容易ではない。田沢湖の水はまだ酸性であり、クニマスのすめる環境ではないからだ。環境を変えてしまうのは一瞬。だが、それを元にもどすには、気の遠くなるような時間と労力が必要である。それでも、クニマスが再び田沢湖で見られる日を願い、現実を踏まえ、少しずつ歩いていかなければならない。

9段落にあるとおり、環境の改変が「やむを得ず」だったのであれば、17段落の「環境を変えてしまうのは一瞬」という批判的な述べ方はやや筆者の立場として矛盾するのではないか。なおかつ、田沢湖の水を利用した水力発電による発電事業は、当時の国策として行われたことであり、地元の心配する声はあったものの、日米大戦目前、国策に対して反対できる時代ではなく、そのまま実行されたという経緯がある。玉川の水は「玉川毒水」と呼ばれるほど高い酸性の鉱毒水であることも踏まえると、9段落の述べ方には疑問が残る。これは「4 ことがら相互・推理の不整合に着目する。」を使っている。

5 対話を生かした「幻の魚は生きていた」の吟味よみの授業

右の教材研究、教科内容を生かし行った授業を紹介する。対話を生かしたこの授業記録は、久留米市立諏訪中学校1年3組で二〇二〇年二月五日に実施した授業の内容を再構成したものである。

(1) 構造についての吟味

子ども 問題提示が二つあって、答えも本論に二つあるからわかりやすいと思いました。

教師① そうね。だから、筆者の述べたいことがすっきりと伝わるんですね。他にありませんか。

子ども わかりやすいと思ったのは、11段落など、具体的な数字が示されていて、表や図もあるところです。わかりにくいと思ったのは、結びに筆者の意見が多くて、論説文みたいに書かれているところです。

教師② なるほど、この文章は説明文ですよね。だとすると、結びはどうする方がいいと思ったの？

子ども 筆者の意見ではなくて、本論で述べてきた事実をまとめた方がいいと思います。

構造よみが生きた吟味である。文種も踏まえた上で、序論―本論―結びの対応について、評価的、批判的両面で吟味することができていた。

(2) 説明不足と不整合についての吟味

続いて本論2、特に14段落に関わる意見が多く出た。

> 14 それにしても、田沢湖は水深四百二十三・四メートル、

日本一深い湖であり、移植された西湖は水深七十一・七メートルと浅い。深い田沢湖の環境に合わせて生きていたクニマスが、どうして浅い西湖で命をつないでいけたのだろう。生物にはそれぞれ、子孫を残していくために必要な環境がある。調べてみると、田沢湖と西湖には共通点があった。水温である。田沢湖も西湖も、クニマスの産卵場所の周囲の水温は、四度だったのだ。移植先の西湖は、クニマスが産卵して生存できる条件を備えていたのである。こうした偶然の一致によって、田沢湖で絶滅したクニマスは、遠く離れた湖底で脈々と命をつないでいたのだ。

子ども　14段落の最初の「それにしても」という言葉がひっかかりました。そのような書き方だと13段落までは置いておいてという感じがします。柱は14段落だし、それなら14段落だけでいいのにと思いました。

教師③　14段落の内容が本論2のメインにならなければならないのに、そうなっていないということですね。

子ども　見つかった黒いマスがクニマスだったこと。じゃあ、13段落までって何について書いてあるの？

教師④　クニマスが生きていた理由を直接的に書いているのは14段落だけですね。13段落まではいらないわけではないけれど、ちょっと多すぎるということかな？

また、6段落と結びの表現を比べる意見が出た。

6ところが、その田沢湖一帯を巡る事態が変わり始める。一九三四年、東北地方を大凶作が襲うと、食料の増産が人々にとって切実な課題となった。（中略）人々の生活のためにはやむをえず、一九四〇年、玉川の水は田沢湖に引き入れられたのである。

子ども　結びでは「環境を変えるのは一瞬」って、境を変えるのは良くない、っていう感じで書かれているのに、6段落のところでは、「人々の生活のためにはやむをえず」って書いてあって、筆者の考えが矛盾しているように感じます。

教師⑤　そうね。「やむを得ず」は「仕方なく」という意味だから、人々の生活のために仕方なくというのは、結びの筆者の意見と少し食い違うね。

論理に関わる批判的吟味である。本論2の大部分がクニマス発見の経緯と、発見された黒いマスがクニマスかどうかの検証に割かれ、本題であるクニマスが西湖で生き延びることができた理由について14段落にしか書かれていない不十分さを指摘している。さらに、本論1で述べた「環境の改変」に関わる記述と、結びでの筆者の主張の不整合に気がついた。

（3）クニマスが西湖で生き延びることができた理由にかかわる吟味

次に、クニマスが西湖で生き延びることができた理由に関わる部分についても吟味した。

子ども　9段落の11行目に、「クニマスの卵が山梨県の西湖と本栖湖と琵琶湖に譲渡された」と書いてあるけど、その後は西湖の話しかなくて、本栖湖と琵琶湖についても書く必要があったんじゃないかなと思いました。

教師⑥　そうだよね。じゃあこれ他に何が気になる？

子ども　本栖湖と琵琶湖では生きていないのか。

教師⑦　そうね、もし死んでしまっていたとしたら？

子ども　その原因！

教師⑧　そう。その原因を調べることで、なぜ西湖で生き続けられたのかがはっきりしますよね。　西湖でクニマスが生き延びられた理由は何でしたか？

子ども　水温がどちらも四度だったこと。

教師⑨　じゃあ田沢湖で絶滅した原因は何だったかな？　湖で生きていた原因はたまたま水温が一緒だったこと外に何か考えられませんか？

子ども　西湖が汚染されてなくてきれいだったこと。

教師⑩　そうだよね。もし、西湖がきれいな湖でなかったら、たとえ水温が一緒だったとしても生き続けられなかったかもしれない。その部分をきちんと書いておくと、結びの筆者の考えともつながりますよね。

子どもたちは、クニマスが西湖で生き延びることができた理由が産卵場所の水温の一致しか述べられていないという不十分さを指摘した。さらに、本論1の田沢湖でクニマスが絶滅した理由や結びの筆者の主張とのつながりにおいて、水質の問題に触れる必要があることにも気が付いた。この吟味により、結びの部分が、説明文としての全体のまとめのはたらきをしていないということだけでなく、逆に本論が筆者の主張を支える根拠となり得ていないことを読むことができた。

Ⅱ　「対話的な学び」を最大限に生かす授業づくりのコツ

1　「対話的な学び」を成功させるための「授業びらき」「謎解き型学習」のコツ

臺野　芳孝（千葉県千葉市立山王小学校）

1　中央教育審議会答申（二〇二一年一月）から

学習指導要領が完全実施されＩＴＣの活用などが提示される中、「個に応じた指導」とともに「協働的な学び」についての中央教育審議会の提言があった。（傍線・臺野）

> 「協働的な学び」において，日本の学校教育がこれまで非常に大切にしてきた，同じ空間で時間を共にすることで，お互いの感性や考え方等に触れ刺激し合うことの重要性について改めて認識する必要がある。（後略）「協働的な学び」の効果を高めるためには，学級経営を充実し，子供が違いを認めて協力し合える学級づくりを進めることが必要である。
>
> （中央教育審議会「『令和の日本型学校教育』の構築を目指して～全ての子供たちの可能性を引き出す，個別最適な学びと，協働的な学びの実現～」二〇二一年）

「お互いの感性や考え方等に触れ刺激し合うことの重要性」とは、子ども一人一人が自分の考えや意見を表出することである。そのためには、話しやすい場づくりと、話すことへの抵抗感がない集団であることが大事である。また、話したがり、言いたがりばかりの集団では、子ども同士双方向の対話は成立しない。話したがる子に我慢をさせたり、話したがらない子に発言したくなるよう促したり、担任が指揮者のように発言の流れを調整してやる必要もある。クラスでの話し合いがそのように進むように、子どもたちを鍛え育てていかなければならない。

2　学習集団を鍛え育てる

学習ルールについて述べる前に、学習集団について押さえておきたい。学習集団を鍛え育てるために次のような視点で子どもたちの様子を観察する。足りないところがあれば、具体的なヒントや手立てを駆使する。

○全ての子どもが参加しているか
○全員で考えることに喜びを感じているか
○安心して話したり、間違えたりできるか
○お互いの考える時間を尊重しているか
○自分の意見を決めて参加しているか
○うまく説明できなくても助け船を頼める友だちがいるか
○意見の違う相手も仲間として見ているか
○多数に流されないで考えることができるか
○人間関係に引きずられずに考えられるか

最初から全ての項目がクリアできるはずはない。二〜三か月かけて少しずつ褒めながら鍛えていく。子どもたち自身が、自分たちの成長を意識でき楽しく前向きな気持ちで学習ができるようになるとよい。

3 授業びらきは一問多答型で

一年間のはじめの授業びらきは、楽しくて「あー、なるほど」というアハ体験がある学習が必須である。たとえば次のような学習を考えておく。授業びらきの場合は一つの問いに対し多くの答えがあるものがお勧めである。

授業を通して、学習集団を鍛え育てるためのコツを考えてみたい。「○ん○ん」という言葉を20個ノートに書く学習である。「真剣、三振、変身、犯人、あんパン……」など答えはたくさんある。そんな学習を通して、子どもたちに学習のルールを身につけさせる。対象学年は小学校2年生である。

「○ん○ん」という言葉を20個ノートに書こう。

教師①　「○ん○ん」という言葉を二十個ノートに書きましょう。ただし、「バンバン」とか「ぶんぶん」とか、音を表す言葉はなしにします。

子ども　新聞とか？

教師②　しーっ。もったいない。言ってしまったね。答え合わせまでは、秘密にして声をださない。

コツ①　全ての子に考える時間を確保する。

言いたがりの子には、言わないことの楽しさを感じさせる。すぐに答えを言ってしまう子がいると、考えずに誰かが答えを言うのを待っていて、考えない子どもが育ってしまう。また、答えに拘るために、答えを導き出す過程が意識されない子どももいる。答えを導き出した理由や根拠がわかることこそが大切なのである。

子ども　えー、難しそう。

教師③　難しいかどうか、チャレンジしてくださいね。わからない人にはヒントをあげるからね。最初は自分で考えるよ。時間は5分間です。どうぞ。

> **コツ②**　思いつかない子にも安心して考えられるように支援することを伝える。

考える時間をしっかり確保してやる。机間巡視して思いつかない子には小声でヒントを知らせる。

わからない・思いつかない子どもたちが多いときは、廊下に集めてヒントを知らせる。わかった子から教室に戻す。ヒントは子どもが多いときは、簡単でないヒントを与え、数人になったらわかりやすいヒントを出してやる。

子ども　（それぞれノートに書き始める）

（教師は、教室を回りながら、書けない子にヒントを出す。）

教師④　5分経ちました。いくつ見つかったかな。

子ども　9個。（それぞれ見つかった数を言う）

教師⑤　では手を挙げてください。0個の人、1個の人…。最高は○○さんの14個でした。0個の人がいませんでしたね。素晴らしい。全員に拍手！

> **コツ③**　拍手をすることで、全員ができる喜びを感じさせる。

全員が何かしら答えを考え出したことが素晴らしいと伝え続けたい。たくさん見つけた子にも拍手で評価する。クラスで喜びを共有することで、学習集団の基礎、つまり「みんなで賢くなろう」という雰囲気を作っていきたい。

教師⑥　では、1個の人から聞いてみましょう。1個だった人は立ちましょう。たくさん見つかった人は後でね。では○○さん、どうぞ。

> **コツ④**　発言の機会が無くなりそうな子どもから指名する。挙手でなく表情を見ながら指名する。

45分間の授業の中で、なるべく多くの子どもが発言できるように配慮する。「はい、はい」と挙手で指名すると教室がうるさくなる。名前の書いてあるカードなどを使って指名すると、ゲーム性もあり、緊張感もあるのでお勧めである。

子ども 温泉。

子ども 同じです。（と数人が言う。）

教師⑦ 同じですの人が7人いました。温泉！いいねえ。

（板書する）

> **コツ⑤** 「同じです。」も発言。たくさん思いついた子のアピールのチャンスでもある。

発言をしたいが出番がない子たちも、遠慮なく「同じです。」を言うことで、我慢し続けなくてもいい、気分良く学習に向かえるようになる。

教師⑧ では○○さん、どうぞ。

子ども 探検。

教師⑨ なるほど。（褒めてから、板書し、書いてない子には書いていいことを伝える）

教師⑩ 1個の人が終わりました。では、2個の人、立ちましょう。（このようなやりとりを続ける。聞いているだけだと飽きてしまう。）では6個も見つけた人の番です。ここからはヒントを出して、みんなに当ててもらいましょう。わかった人は黙って手を挙げてね。ヒントはたとえば「仮面ライダー」

> **コツ⑥** 教師がやり方を見せて方法を理解させる。

言いたがりの子どもは、前に出て先生のように問題を出したり指名したりするのが大好きである。そのような意欲を引き出すことも大事である。

子ども わかった！あれだよね。

教師⑪ じゃあ、わかった人全員で言うよ。さんはい。

子ども 変身。

> **コツ⑦** 全員で言うことで、一人では発言できない子どもにも声を出すチャンスを与える。

黙って座っているのではなく、主体的に発言し参加できるようにする。アクティブラーニングである。

教師⑫ 正解です。では、ヒントを出せる人、誰かやってもらいます。では、○○さん、どうぞ。

コツ⑧　先生ごっこである。たくさん考えた子には活躍の場を与える。

ヒントを考えることも、知的な活動である。教師対子どもたちではなく、子ども対子どもの活動を仕組むことで、より主体的対話的な学習の場を作ることができる。

子ども　やい、ばいきんまん！
子ども　わかったー。
教師⑬　では、わかった人全員で言うよ。さんはい。
子ども　あんパン。
子ども　当たりです。

コツ⑨　教師主導から、子ども主導へとバトンタッチする。

このことで、子ども間のやりとりが増えていくように、教師は少しずつ話す量を減らしていく。

教師が子ども間のやり取りがスムーズにいくように、司会役をする。子ども同士で発言が絡み合うように育てていくためである。

教師⑭　さあ、授業が終わります。今日はみんなの考えたことを合わせたら20個どころでなく45個も見つかったね。どの答えも楽しくてよかった。大変素晴らしい。全員に拍手をしましょう。

コツ⑩　楽しく嬉しい気持ちを共有する。また、学習の評価でもあり、全員のがんばりを称えあう。

このような気分を持続させていくことが、対話的な学習に対するモチベーションを高める。

この例は、小学校低中学年で行ったものだが、授業びらきに使えそうな学習の課題はまだまだある。

○「□い□ん」「□う□い」などの言葉探し
○「□□しい」など形容詞を集める
○木へんの漢字など部首指定の漢字探し
○漢和辞典を使い動物や魚、植物の漢字を集める
○「一□一□」の四字熟語探し
○動物の入ったことわざ探し
○□に二画足してできる漢字探し

4　対話を生み出す謎解き型学習

物語の読解の授業で、子どもたちの疑問を話し合うことは、読解の学習では欠かせない。それが豊かな対話を生み出す。たとえば次のような疑問である。

○豆太はやはり臆病なのか？（「モチモチの木」）
○大造じいさんはなぜ残雪を撃たなかったのか？
　残雪に感動したから？（「大造じいさんとガン」）

コツ⑪　意見が分かれる時こそ学習が深まるところである。自分の立場をはっきりさせ話し合わせたい。

グーとパーのハンドサインや、AとBをノートに書く、赤帽子と白帽子を被るなど学年に応じた立場表明をさせる。「後はバトルだ！」と意見を戦わせる。根拠や理由の出し合いになるが、広範囲を読み込んでいる子どもの意見は鋭い。子ども同士「あの意見はよかった。」と互いを評価できるようにしていく。

コツ⑫　反対意見や少数意見を出す子どもこそ大切にする。

昔は話し合いといえば多数決だったが、現代では、少数派の意見も取り入れた落としどころを探すことが大切なのは周知の事実である。多数派が敗れるなどの経験も大切である。

コツ⑬　意見を言った子だけで進めるのではなく、同意や反対意見を必ず聞いて全員参加を促す。

意見を聞いた後、教師が「いい意見が出ました。」などということは学習を深めない。「今の意見、どうですか？賛成の人は？反対は？」と必ず全員に聞き返す。できれば、そう思った理由まで発言させたい。

コツ⑭　狙った答えが出てもポーカーフェイスで授業を進めることで、子どもたちは考えるようになる。

教師の顔色をうかがっていてはダメだと子どもたちが身をもって知ることが大切である。先生の顔に答えはないのだから、自分で読むしかない。自力解決の訓練である。対話を深める授業では、教師の提示する問いに対し、子どもたちが考えを述べやすいように、教師は黒子に徹する。教師の顔色を見て「これが正解だ」と思わせてはならない。時間が許す限り、教師は子どもたちの意見を整理し、対立点をはっきりさせることだけでよい。感じることは人それぞれなので、正解が無い場合もある。

対話は、相手がいてこそできる。子どもたちに相手意識を持たせながら、自分の考えを膨らませ、相手の意見に対応しながら、考えを深めていく過程である。最後に「あー、面白かった！」と言える子どもたちを育てたい。

2 「対話的な学び」を成功させるための「グループ学習」指導のコツ

加藤 辰雄（愛知県立大学非常勤講師）

1 グループ学習の長所と短所

「主体的・対話的で深い学び」を実現する授業と関連付けて、グループ学習を取り入れる授業が増えている。教師主導の一斉学習に偏した授業を改善するうえでは望ましい状況であるが、単に学習形態に変化を加えたということだけでは十分でない。

グループ学習は以前から行われてきた学習形態であり、その長所と短所は次のようである。長所としては、

○多くの子どもが学習に参加しやすくなり、学習意欲が高まる。
○子ども同士の意見交流がしやすく、理解や認識が深まる。
○役割分担により学習に対する主体性や責任感が伸長する。

等が挙げられる。一方、短所としては、

○グループ学習に時間がかかる。
○子どもたちが一見活発になるために、教師は意欲的な学びになっていると思い込み安心してしまう。
○グループ内の特定の子どもや学習をリードする子どもに依存してしまいがちになる。
○交流により考えを深めたり、まとめたりする過程が淡泊で結論が表層的になりやすい。

等が挙げられる。

このような問題点を克服し、グループ学習の質の向上を図ることが大事である。そこで、「グループ学習指導」のコツについて述べてみる。

2　グループの話し合いの前に必ず一人だけの思考時間を保障する

グループの話し合いをするときには、必ず子ども一人一人で思考し学ぶ時間を保障することが大事である。学習課題について全く考えが持てていなかったり、未消化だったりする段階で話し合いをすると、安易にメンバーの考えに賛成し、考えを深めることができずに表層的な話し合いになってしまう。

そこで、教師は一人一人の子どもに自分の考えを持たせる時間を保障する。「自分の考えが持てた人は挙手してください。」と指示して、確かめることもある。学級全員がそれなりに考えを持てたら、グループの話し合いをさせる。学習課題によっては、自分の考えをメモさせた後に話し合いをさせることもある。ただし、自力思考する時間をしっかり保障しても課題追究の糸口が見出せないで思考が停止している子どもがいる場合には、教師は個別に助言や援助をする。

たとえば、物語「スイミー」（レオ＝レオニ　谷川俊太郎訳）の山場に「スイミーはかんがえた。いろいろかんがえた。うんとかんがえた。」とまぐろを追い出すための方法を考え続ける場面がある。ここからどんなことが読みとれるかを考える際に、自力では課題追究の糸口が見出せない子どもには、次の助言をする。

①「『かんがえた。』を三回も使っていることから、どんなことがわかるかな。」

②「『スイミーは、いっしょうけんめいかんがえた。』と比べると、どう違うかな。」

すると、「繰り返し何度も考えた」「失敗しないように慎重に考えた」「長い時間考えた」「いろいろな方法を考えた」等の考えが出てくる。

3　学力差がでない4人グループを作る

学習グループの作り方では、メンバーの組み合わせを考えることが大事である。必ず一つのグループに話し合いをリードする子どもが配置されていないと、グループ学習がうまく展開できない。小学校では担任が学習能力や気軽に話し合える人間関係を考えながら生活班を作り、それを学習のグループにする。学習課題があまり難しくない場合は、ジャンケンやくじ引き等で作った生活班を学習のためのグループにしても問題はない。しかし、学習課題が難しくなってくると、話し合いをリードする子どもを適切に配置することが必要になる。

中学校・高校では、担任学級以外を授業で担当する場合に、生活班のままだとグループによる学力差が大きくなることがある。そういうときは、子どもに同意をとって学習のためのグループを作る必要がある。

学習グループを作る際には、4人グループを作るとよい。それは、次の理由からである。
○学習に自信がない子どもでも少人数なので緊張しないで気軽に自分の考えを話すことができること。
○司会がメンバーをしっかり把握できること。
○多様な考えを出し合え、交流できること。
3人でもよいのだが、4人と比べて多様性が出にくい。逆に5人だと全員が発言するのに時間がかかりすぎる。また、司会もメンバーを把握しにくくなる。

低学年であったり、グループ学習に慣れていない段階では、まずはペア学習から始めてもよい。人数が少ない方が話しやすいからである。しかし、ペア学習は多様な考えを交流することができないだけでなく、相手の考えに「違う」とは言いにくく、同調しやすくなる。したがって、ペア学習から始めても、しばらくしたらグループ学習に移行する。

4 グループの話し合い時間は3分〜5分程度にし、「グループ→学級全体」の話し合いを数回行う

グループの話し合い時間は、次のことが十分にできる時間でないといけない。
○グループ全員が自分の考えを発言できること。
○出し合った考えをしっかり検討し合えること。
これらのことが不十分だとグループの話し合いは表層的なものになってしまう。ただし、だからと言って、話し合いの時間が長すぎると、だらだらとした話し合いになったり、無駄なおしゃべりが始まったりする。また、グループ→学級全体→グループ→学級全体……といった話し合いの時間も保障されなくなる。

したがって、グループの話し合い時間は、一般的に言って3分〜5分程度が適切である。この時間は結構窮屈なように思えるが、てきぱきと話し合いをすすめれば十分に話し合いができる時間である。ただし、学習課題、学習集団の質、学年などによって、より短い場合、より

長い場合もある。

しっかり話し合いの時間を管理するために、キッチンタイマーや砂時計等を活用するとよい。3分～5分程度で話し合いが終わらない場合は、司会（リーダー）に「もう少し時間をください」と時間を要求することを指導する。

「グループ→学級全体」の話し合いは、一回だけではグループの考えを発表するだけで終わったり、一部の子どもたちだけが活躍する授業になったりして十分な深まりが生まれにくい。学級全体の話し合いについてこれない子どもが出てきたり、全体の話し合いを聞いて自分の考えが変わったりする場合等は、もう一度「グループ→学級全体」の話し合いをする必要がある。特に学習課題が難しくて簡単には解決しにくい要素を含んだものである場合は、「グループ→学級全体」の話し合いを二回以上上行う必要がある。

たとえば、物語「スイミー」のクライマックスを探す話し合いをすると、クライマックスの候補として子どもたちから多く出されるのは、次の二箇所である。

A　それから、とつぜん、スイミーはさけんだ。
「そうだ。みんないっしょにおよぐんだ。海でいちばん大きな魚のふりをして。」

B　みんなが、一ぴきの大きな魚みたいにおよげるようになったとき、スイミーは言った。
「ぼくが、目になろう。」

これらは、いずれも事件の解決に向けての決定的場面である。どちらがクライマックスとしてより適切であるかをめぐって、「グループ→学級全体」で話し合うと、「大きな魚を追い出すアイデアを思いついたことで事件が解決に向かう」「でも、アイデアを思いついただけで大きな魚はまだ完成していない」等、話し合いは決着しない。そこで、何度か「グループ→学級全体」の話し合いをする。

5　グループの司会（リーダー）を決める

グループの話し合いは司会なしでも成立するが、グループによって話し合いの質に差が出てくる。その差を埋めるために司会（リーダー）を決める。

司会の決め方には、教師の指名、子どもによる互選、輪番制、くじ引き、ジャンケン等がある。はじめの段階では子どもたちはグループ学習に不慣れなため、司会（リーダー）の役割を果たすことができる子どもを教師が指名する。グループ学習にだんだん慣れてきたら輪番制にしたり、互選にしたりしながら定期的に交代していく。とは言っても、どうしても司会をするのは不得手という子どもに無理やり司会（リーダー）をさせて、自信を失わせることがないように配慮することが必要である。

6 司会（リーダー）を丁寧に指導する

司会（リーダー）への指導では、はじめからあまり過度な役割を要求しないことが大事である。話し合いをスムーズに進めることができるように進行マニュアルを与える。はじめは、次のことを指導する。

① 話し合う学習課題を確認する

「これから○○について話し合います」とメンバーに話し合う学習課題を確認する。

② グループの全員が発言できるようにする

「○○さんから考えを言ってください」と順番に指名してグループの全員に発言させ、最後に自分の考えを言う。発言内容がまだ固まっていない子どもには、メンバーの考えを聞いた後に「○○さんはどう思いますか」と問いかける。

③ 話し合いの時間を有効に使い、時間を守る

話し合いの時間は、基本的には三分〜五分程度であるため、一人の発言時間を決めてグループ全員が自分の考えを発言できるようにする。また、出てきた考えを検討し合う時間も確保する。そして、指示された時間内にできる限り話し合いが終わるように努める。

④ 話し合いを整理する

話し合いの終盤には、司会（リーダー）は話し合いを整理する。たとえば、物語「スイミー」の発端にまぐろが「ミサイルみたいに」突っ込んで来る場面がある。この比喩をめぐって、どんなことが読めるかを話し合うと、「ミサイルもまぐろも大きい」「ミサイルだからとても速い」「先がとんがっていて形が似ている」「一度にたくさん殺す」等、いろいろな考えが出てくる。これらの考えを簡単にメモして整理する。

⑤ 学級全体にグループの考えとして発言するときに、

誰が発言するかを決める

司会（リーダー）は「○○さん、発言してください」と指名する。その際に、話し合いを整理したメモを見せ、安心して発言できるように援助する。いつも同じ人ばかりではなく、交代で発言させる。とは言っても、どうしても発言できないという子どもに無理に発言させることがないように配慮する。

⑥　発言するときは、グループ全員で挙手する

グループの話し合いが終わるとグループの考えを代表者が発言することになる。その際、教師が「発言できる班！」と呼びかけると、司会（リーダー）の声がけによりグループの全員で挙手する。それは、グループで整理した考えに全員が納得し、賛成したことを表明するためである。ただし、教師に「○班どうぞ」と指名されて発言するのは代表者一人である。

⑦話し合いが終わらない場合は時間要求をする

物語「スイミー」のクライマックス探しのように、クライマックスの候補がAとBに考えが分かれて時間が足りないときには、グループ内での意見交流を保障し、共通理解を図るために、司会（リーダー）は「もう少し時間をください」と時間要求をする。ただし、時間要求をするのは勇気がいることなので、はじめからできなくてもよい。

①〜⑦の仕事を教師は繰り返し指導し、少しでもうまくできたらどんどんほめて司会（リーダー）に自信を持たせるように心がける。

司会（リーダー）への指導は、短時間で行うのが原則である。「授業の直前に集めて1分以内でする」「授業中に教室の隅で30秒だけする」「授業の直後に集めて一分以内でする」等、短時間で素早く済ませることが大事である。たとえば、授業中の指導では、教師は司会（リーダー）を集め、「ミサイルとまぐろの似ている所をまず、一人で三つ以上見つけてもらうこと。次に、順番に発表してもらうこと。わかりましたか。」と指示する。

参考文献

阿部昇『確かな「学力」を育てるアクティブ・ラーニングを生かした探究型の授業づくり―主体的・協働・対話で深い学びを実現する』二〇一六年、明治図書

3 「対話的な学び」を成功させるための「発問・助言・学習課題」指導のコツ

竹田 博雄（大阪府・高槻中学校 高等学校）

1 発問・助言・学習課題とは何か

学習課題とは、授業者が教材研究によって構想した、子どもたちに考えさせるべき課題のことである。これには、一時間の授業の中で考えさせる、その授業における「学習課題」と、その単元の全体に関わる「本質的な課題（〈問い〉といってもよい。）」の二つが考えられる。たとえば、「海の命」（立松和平）なら、「太一はなぜもりを打たなかったのか」という問いは、読解上の本質的な課題となり得るものであり、同時に授業における学習課題にもなる。また「人が幸福な人生を送るためにはどうすればいいのか」といった問いは、作品全体を通して考える本質的な課題となり得る。

発問とは、授業者が発する指導言の一つであり、授業を展開していくために、学習課題に向かわせるために行う子どもへの「問いかけ」である。

助言とは、授業者の発問に対して、たとえば、子どもたちが反応できなかったり、こちらの思惑とは違う反応を示したとき、発問を補ったり、修正したりするための「補助的な発言」である。

まとめると、授業においては「学習課題」が最も上

「学習課題」「発問」「助言」の関係性

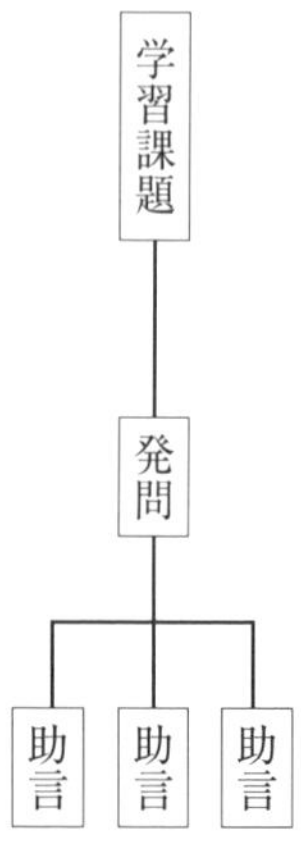

位にある。その学習課題を達成するための手立てとして「発問」があり「助言」がある。

三つの関係性を図示すると前頁のようになる。

このように学習課題・発問・助言は、それぞれが独立した指導過程、指導スキルなのではなく、三つが、いわば有機的に連関しながら授業を成り立たせている、授業の重要な要素、その一つ一つである。

これら三つの授業の要素は、最後まで教師のものであってはいけない。最終的には、子どもが自分で学習課題を作り、自分たちで、それに関わる発問・助言ができるようにしていくことが授業の理想である。子ども自らが作り、関わっていけるようにすること。教師の指導によって、今度は子どもが作れるようにしていくこと。大変難しい指導過程だが、それが対話的な学びを最大限に生かすことに繋がっていく。

このことは、校種が進むにしたがって困難さが増すように思われる。殊に高校の「現代文B」などの指導においては難しいかもしれない。しかし、たとえば1時間の授業時間全てを使う必要は無いわけで、その中の一部、部分的に、課題を設定させ、発問・助言を検討させる、という授業は、相当程度、可能であると考える。

これら「発問・助言・学習課題」を「『対話的な学び』を最大限に生かすため」という観点で考察していく。

2　対話を生み出す学習課題とは

「発問・助言・学習課題」は、初めは、すべて授業者が用意すべきものである。しかし、「『対話的な学び』を最大限に生かすため」という観点でみたとき、三つの中の学習課題を、子ども同士の対話を通して、子どもたちから提出させ、それを考えさせていくことがとても有効な指導となる。先ほども述べたが、最終的には、授業の全てでなくてもよいので、子どもの側から出て来るようにすることが、対話的であることを生かす最大のコツといえる。具体的には、子どもの側から「疑問に思っていたことが解決できた」とか、「自分の読みが深まった」という手応えを、座学による授業者の講義ではなく、「仲間との対話」によって生み出させ、実感させるようにするということである。

今回は、小説について考察する。たとえば、

・この作品を読んで、人物について疑問に思ったことはない？
・この作品について考えたいと思ったところはどこ？

などの発問により、学習課題を設定する。あらかじめ、教師の教材研究により、予想される発言、課題を設定しておく。

「もし、授業者が設定しようと想定する学習課題が子どもたちから出てこなかったらどうするのか？」という疑問については、次のように答えたい。初読の段階で出されなくても、授業で読解を続けていく中で、作品の読みの中心となる「課題（問い）」は、授業者の一方的授業でない限り、必ず、子どもたちから出てくる。しかしそれでも出てこなければ、教師から「これってどうして～なの？」「これについてどう思う？」と発問しても構わない。

ただし、これらの発問を、漫然と行うだけでは適切な対話を生み出すことには繋がらない。「対話を生み出す学習課題」とは、人物の心情の推移や、描写性・修辞性の秀逸な箇所、主題の読みに関わるものが、対話を生み出していく。逆に「対話を生み出しにくい学習課題」とは、「自分の考えを持とう」と指示しながらも、実は、考えが一つにまとまってしまうものや、意見が割れなかったり、反対に、いくつもの意見に拡散してしまうような課題である。

先ほどの「海の命」でいえば、「太一はなぜ、もりを打たなかったのか」という問いは、「対話を生み出す学習課題」になり得る。しかし「もりを打たなかった太一をどう思うか」という問いは、実は生産的な対話を生みにくい。意見は反対か賛成に二極化するほかなく、それぞれがそれぞれの「思い」を述べるだけで、「対話」の次元になかなか届かないからである。

二つの発問の差異は、教材そのものの読み込みの差異である。前者の場合、その理由を、読み手は本文の叙述に依拠して読みとろうとし、その内容を外言化しようと試みる。後者は、描写された出来事について、各自が「思ったこと」を好きに言い合うことになる。この場合は、たとえば、「『もりを打たなかった太一』は『もりを打った太一』を想定して比べたとき、どう違うか、それとも同じか？」と、太一の変化に着目して尋ねるのが適当だといえる。対話を生み出す学習課題は教材文の深い読みの上に構築されることが前提条件になるといえる。

「対話を生み出す学習課題」のセオリー
本文の叙述に依拠して読みが深まり、読みとった内容を外言化できる課題を設定すること

そして、助言は、その課題を支えるものとしてある。「もりを打たなかった太一はそれまでの太一と比べてどこが変化したの？」「もりを打ったとしたら、その太一は、それまでの太一と比べて変化したといえるの？変化したとしたら、どう変化したの」など、子どもが考えやすいように助言してあげることも対話を生み出す大きな要素である。

次に、具体的な作品を使って考えていきたい。

物語・小説において、人物の最も大きな変化は感情が最も大きく動くところでもあり、作品のクライマックスとなることが多い。その変化の理由や変化の内容を問うことは学習課題となり得るものだといえる。

よって作品の展開の中から、人物の変化に関わり、変化に影響するところを教師が押さえ、適切な発問によって子どもたちに考えさせるようにしていくのである。

3　教材にそって具体的に考える

(1)「少年の日の思い出」（H・ヘッセ）

この作品は読みどころが豊富である。ここでは「僕」に限定して考えたい。

「僕」について、「疑問に思ったこと」「考えたいこと」を子どもたちに問うたとしたら、どんな答えが予想されるだろう。そこまでの授業の展開によって一概には予想しきれないが、最後の場面は是非、考えさせるべき箇所である。対話が生まれる課題は、

なぜ『僕』は、ちょうを指で粉々に押しつぶしてしまったのか。

である。反対に次の課題では対話が生まれない。

ちょうを指で粉々に押しつぶしてしまった『僕』をあなたはどう思うか。

前者の問いを本質的な課題として学習課題に設定するとしたら、どんな過程を踏むべきだろうか。まず授業

の中で子どもたちからこの問いが発せられれば、この問いをそのまま学習課題として設定できる。子どもたちから出てこない時には、助言を打つ。助言も、授業中にその場で考えるばかりでなく、これもあらかじめ用意しておく。

その際、有効に働くのは「他の描写に置き換えて比較すること」である。たとえば、「ほかに、ちょうを始末する方法はなかったのだろうか?」「どうして一気にゴミ箱か何かに捨ててしまわなかったのだろうか?」「どこか見えない所、手の届かない所にしまっておいてもよかったのではないか?」「人にあげてもよかったのでは?」など、別の結末を提示する助言である。また「どうして、その日の夜の間にしたのだろう?」「明くる日にしなかったのはなぜだろう?」「お母さんやエーミールの目の前で捨てることは出来なかったのだろうか?」など、違う設定を想定し本文との差異を尋ねるのである。

このような助言を打つことで、この場面で、「僕」がちょうの箱を「闇の中で開いた」こと。「一つ一つ取り出し」たこと。「指でこなごなに押し潰してしまった」こと、すべてに意味があることが見えてくる。

「僕はなぜちょうをこんなやり方で始末したのか?」という問いは、「海の命」で「太一はなぜ瀬の主を討たなかったのか」という問いと同様、この作品の中心的な学習課題となり得る。この課題を考えることは「少年の日の思い出」という作品を読む上で、最も読み応えのある面白い問いである。「対話的な学び」を最大限に生かすためには、対話の方法を考えるというより、子どもたちが「考えてみたい」「読みとってみたい」と感じられるような学習課題の設定が肝要である。

このような、作品を読む上での学習課題を対話的な学びとして有効なものとするには、その課題に繋がる人物の形象を適切に読んでいく過程が必要である。「僕」は、ちょうを「宝物」と呼び、収集箱を「宝石箱」と呼び、その「熱情」は冷めない。その熱情が徒となってエーミールのちょうを盗む。人としての倫理・正義よりも、ちょうへの「熱情」が上回る。そのような「僕」の人物像を丁寧にすくっていく過程が大切となる。

唐突に、最後の場面を対話的に考えさせても、それは対話的な学びを最大限に生かしたことにはならない。

学習課題に繋がる発問、たとえば「僕のちょう集めに対する思いが読みとれる言葉をこの場面の中から拾いなさい」といった発問（〈指示〉といってもよい。）によって、「僕」の熱情をきちんと読ませる。そうすることで、そこまで熱中したちょうを「一つ一つ」指で潰していくことの意味が、露わになってくる。「僕」という人物を読ませる過程が、子どもたちから適切な学習課題が生み出される素地となっていくのである。

(2)「故郷」(魯迅)

この作品では、次のような学習課題が有効である。

ルントウはなぜ、「だんな様」と呼んだのか。

逆に次のような課題だと「対話」が生まれる。

「だんな様」と呼んだルントウをどう思うか。

「かわいそう」「いや、仕方がない」など、一見、対話が生まれそうだが、各自の「思い」を尋ねることには慎重でありたい。そうではなく、「声にはならなかったとあるが、ルントウはここで何を言おうとしていたのか？」「だんな様の後の〈！〉と〈……〉はそれぞれ何を表現しているのか？」といった本文の叙述に依拠した助言、発問を打ち、この場面におけるルントウの逡巡、苦悩をこそ読ませることが「対話」に繋がるのである。

参考文献

読み研・関西サークル編『小学校国語科「言葉による見方・考え方」を鍛える物語の読みの授業と教材研究』二〇一九年、明治図書
大西忠治『発問上達法』一九八八年、民衆社

4 「対話的な学び」を成功させるための「討論・ディベート」指導のコツ

鈴野 高志（茨城県・茗溪学園中学校高等学校）

1 国語教育における「ディベート」の概要

「ディベート」は、学校教育では、ある論題について公開で肯定側・否定側に分かれて討議し、それをジャッジするものをいう。「対話的な学び」にとってディベートはこれからも学校教育で重要な意味をもつ。本稿では、国語の授業でそれを指導する際のコツを示していく。

私は国語の授業でディベートを行うその目的を、大きく次の三つと考えている。

①根拠をもって自分の意見を述べるための力を養う。

②「人」と「論」とを区別して討論できる力を養う。

③物事や問題を多面的に認識できる能力を養う。

これらの目的について詳述することは紙幅の都合上避けるが、これらが特に小学校高学年から中学校を卒業するくらいまでの間にぜひ身につけておいてほしい力であることは、教師という職業に身をおいていればじゅうぶんに納得できることと思われる。

またディベートは広い意味での「討論」とは異なり、一定のルールを有する。具体的には、①論題を決める、②形式的に肯定側、否定側の二つの立場を決める、③立論、質疑、反駁（反論）の三つの要素を持つ、④勝ち負けの評価をする、⑤全て決められた時間で行う——といったルールである。試合をするグループのどちらが肯定側でどちらが否定側になるかは、希望制よりもくじ引きやジャンケンなどで決めた方がよい。大事なことは、自分の本来の意見とは結果として異なる立場に立ったとしても、それに見合う説得力のある根拠をいかに集めるかということに力点を置かせることが大切で、それが先にあげた三つの目的を達成することにつながっていく。

試合にはその論題に対する肯定側のグループ、否定側のグループ（それぞれ四、五人程度が望ましい）の他に、司会者、審判、タイムキーパーが必要となる。司会については初めのうちは教員が行い、流れをつかんだところで子どもにバトンタッチするとよい。常に四、五人のグループを単位としておけば、試合を行うグループが二つ、司会とタイムキーパーを担うグループが一つ、審判のグループが一つで、残った子どもはオブザーバーという形ができあがり、それをローテーションで回していくことができる。

一つの試合は、次のような流れで行う。

（1）肯定側立論（3分）　（2）否定側質疑（2分）
（3）否定側立論（3分）　（4）肯定側質疑（2分）
（5）否定側反駁（3分）　（6）ジャッジ（3分）

高校生であれば、それぞれに五分程度取ってもよいが、小・中学生の場合、時間が長めだとかえって持て余してしまう可能性がある。またここでは「反駁」を一回ずつとしているが、慣れてきたら「第二反駁」まで二回ずつ行わせるとよい。

以上が授業でのディベートの概要である。

2　ディベートにおける「対話的な学び」を成立させるための五つのコツ

ディベートは、肯定側と否定側のお互いの主張を論理的に積み上げ、より説得力のある側が勝つというゲームである以上、そのゲーム自体が全て「対話」で成り立っているといっても過言ではない。しかし、実際にはゲーム本番だけでなく、その準備の過程にもたくさんの「対話」の要素があり、またその間にも子どもたちは「深い学び」を経験することができる。そのようなディベート指導が成立するための五つのコツを挙げておきたい。

（1）論題は子どもたちにとって身近なものから選ぶ

まず「対話による深い学び」を成立させるための大きなカギとなるのが、論題の選び方である。

たとえば高校生、あるいは中学生でもかなりの場数を踏んでからであれば、「日本は死刑制度を廃止すべし」

「オリンピックを五年に一度に変更すべし」などといった、国や世界レベルのいわゆる政策論題を扱うことが可能である。新聞や書籍などだけでなく、インターネットという強力な（危険もまた大きいが）武器がある現代では、根拠のための資料も集めやすいし、グローバルで社会的な問題について中高生の段階から知識を広めたり考えさせたりすることには大きな意味があるからである。

しかし、まだ入門期の小・中学生であれば、むしろもっと自分たちにとって身近で関心のある事項を論題に選んだほうがよい。たとえば以下のような論題である。

・○○小学校5年1組は、教室の席を自由席とすべし
・○○小学校6年2組は、そうじ当番をボランティア制にすべし
・□□中学校は、制服を廃止すべし
・中学校における週五日制を廃止すべし

根拠を集めるさいにも、書籍やインターネットからの収集ももちろん認めてよいが、それ以外に友人や家族や教員などにインタビューをする中で、自分たちだけでは気がつかなかった物事の側面や新しい見方、あるいは新たな知識を獲得することができる。むしろ自分たちにとって身近な話題の中にさえ、今まで気づかなかったような問題が潜んでいるということを認識することにもつながる。さらに各自が得たそれらの知見をグループに持ち帰り、内部でシェアして試合に有効なものから優先順位を付けていく過程で議論は確実に深まってくる。まさに対話による学びの深まりである。

(2) ラベルは強く簡潔にまとめさせる

「ラベル」とは、肯定側から出されるメリット、否定側から出されるデメリットを短いことばでまとめたものを指す。別の言い方をすれば、論題に示されている内容を「プラン」として導入した時に発生するメリットまたはデメリットを、はっきりわかる形でまとめた言葉で、ディベートのゲームにおいて肯定側も否定側もそれぞれが提示したラベルが成立する過程を示し、またそれが成立することの影響力の大きさを主張し合うことになる。ラベルの数については三つ程度が妥当であり、それもルールとして事前に周知しておく。

論題と、肯定側、否定側のグループが決まったら、戦略を立てるための時間を少なくとも一時間以上は取った

方がよい。ラベルもその過程で決めて行くわけだが、それが中途半端なものだと結果として弱いものになる。たとえば先にあげた「〇〇小学校6年2組は、そうじ当番をボランティア制にすべし。」で子どもたちが真っ先に思いつきそうなメリットは、「やる気のない人がイヤイヤ掃除することがない」「決められた当番でないのだから『サボり』が生じない」といった類のものだろう。しかし、それはまだプランを導入した時の筋道にある過程で発生する事象であり、ラベルとしてはもっと大胆に「クラス全員が幸せになれる」等の、強くて簡潔なものに仕上げた方がよい。そしてゲーム序盤の肯定側立論のさいに、プランを導入することがどのような筋道を経てラベルとして挙げたメリットに到達するかを語らせるように仕向けるのである。この論題の場合、おそらく否定側からは、「クラス全体が不幸になる」という正反対のラベルが出てくることが予想され、真っ向から対峙し合うおもしろい試合展開となることが期待できよう。

なお、ラベルについては、子どもたちが力をつけてしっかりしたディベートができるようになるまでは、肯定側、否定側で事前に交換させる、という指導が有効である。本来は相手がどのようなラベルを提示してくるかまでを予想し、それに対する反駁を練るわけであるが、初期の段階ではたとえばプランについての認識が肯定側と否定側でズレてしまっていて、本番での議論が絡み合わない、という事態が生じることもありうるからである。

(3) 相手のラベルが成立しないことを立証する反駁を計画させる

初期の指導段階では、ラベルは事前に交換させておくということを述べたが、そのラベルがどのような筋道を経て成立するかについてまでは、相手に知らせることはしない。むしろ、相手がプランの導入からどのような筋道を仮定してラベルに掲げたメリットやデメリットに到達させようと考えているかをお互い予想させ、反駁ではその弱点を突くように計画を立てさせることが重要である。先ほどの「掃除」についての論題であれば、否定側の子どもが肯定側からの「クラス全員が幸せになれる」というラベルを手に入れたら、教師は「どうして肯定側はこういうメリットが成立するって考えたと思う?」とその筋道を想像させるような発問をするとよい。教師はもちろん肯定側に対しても、否定側のラベルについて同じように発問をする。ただし教師は、子どもたちの眼から見て、どちらかのチームに極端に肩入れしているかのように映らないように配慮しながら指導する必要がある。教師からの発問に対しては、子どもたちどうしの対話、議論が中心となるが、反駁はディベートの試合において勝負を決するポイントでもあるため、子どもたちは全力を挙げて議論をし、本番に臨むはずである。

（4）シートを有効に活用させる

ディベートの準備から試合本番に至るまでの活動が、子どもたちにとって確かな言葉の力を発展させるための有意義なものとして成立するために欠かせないのが、二種類のシートである。

一つ目は「プランシート」と呼ばれるもので、これは試合に臨む肯定側、否定側の両チームのメンバーが準備段階から用いるものである。プランの定義（これは肯定と否定で異なっては議論にならないので、肯定側が定めたものをお互いで確認しておく）、ラベルとそれが成立する筋道、反駁のプランなどを丁寧に記しておくことで、スムー

プランシートの表面

プランシートの裏面

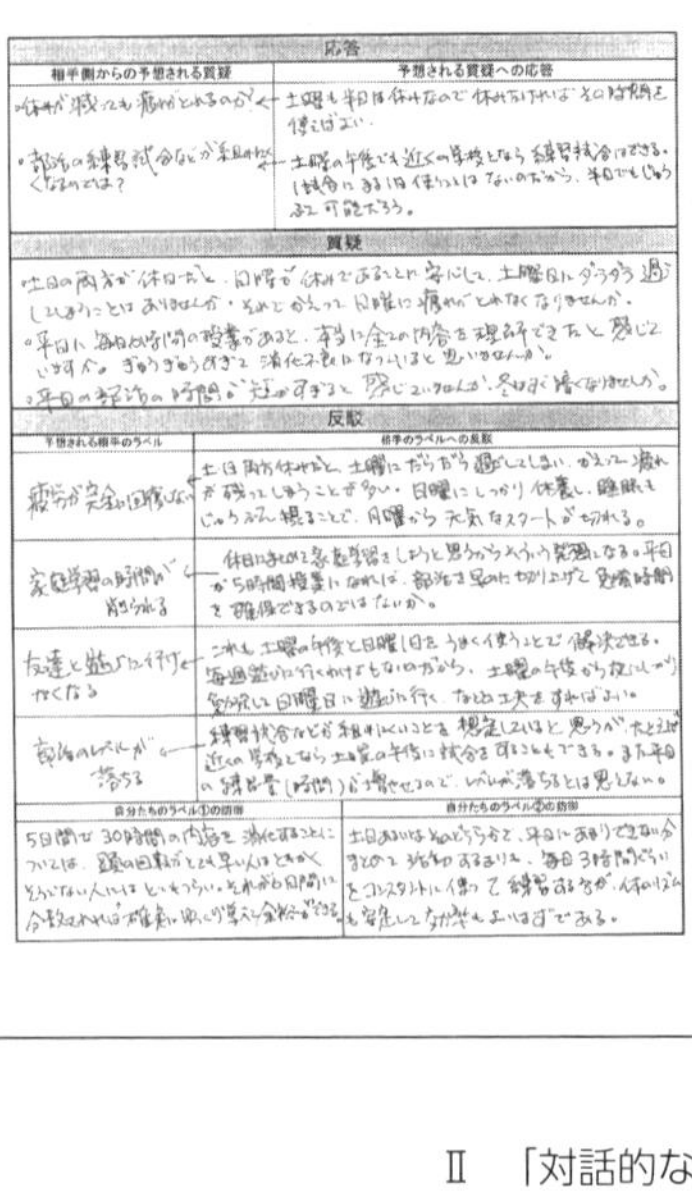

ズに試合運びができる。

二つめは「フローシート」である。これは試合の直前に審判やオブザーバーの子どもたちに配っておいて、試合に臨んでいるグループがどのようなラベルを提示し、それらをどのような筋道によって裏付けたか、また反駁が相手のどのラベルに対してなされ、どの程度有効だったか等を記すためのメモである。これは慣れるまで多少訓練が必要であり、教師が書き方のモデルを示しておくなどの必要がある。

これがあることにより、審判はもちろん、オブザーバーの子どもたちも、ただぼうっと試合の様子を見ているだけ、ということがなくなり、肯定側、否定側それぞれの主張とそれを支える裏づけ、反駁の有効性などについて考えながら参加することができる。

フローシートは試合を見ながら黙々と書き込んでいくためのものであるため、その過程に実際の対話は生じないが、試合者どうしの議論を聴きながらそこに現れたキーワードをキャッチして書き込むこと、どの反駁が有効に作用したかなどを判断して書き込むことは、聴いた言葉をもとに自分の内言を整理して外言化するという

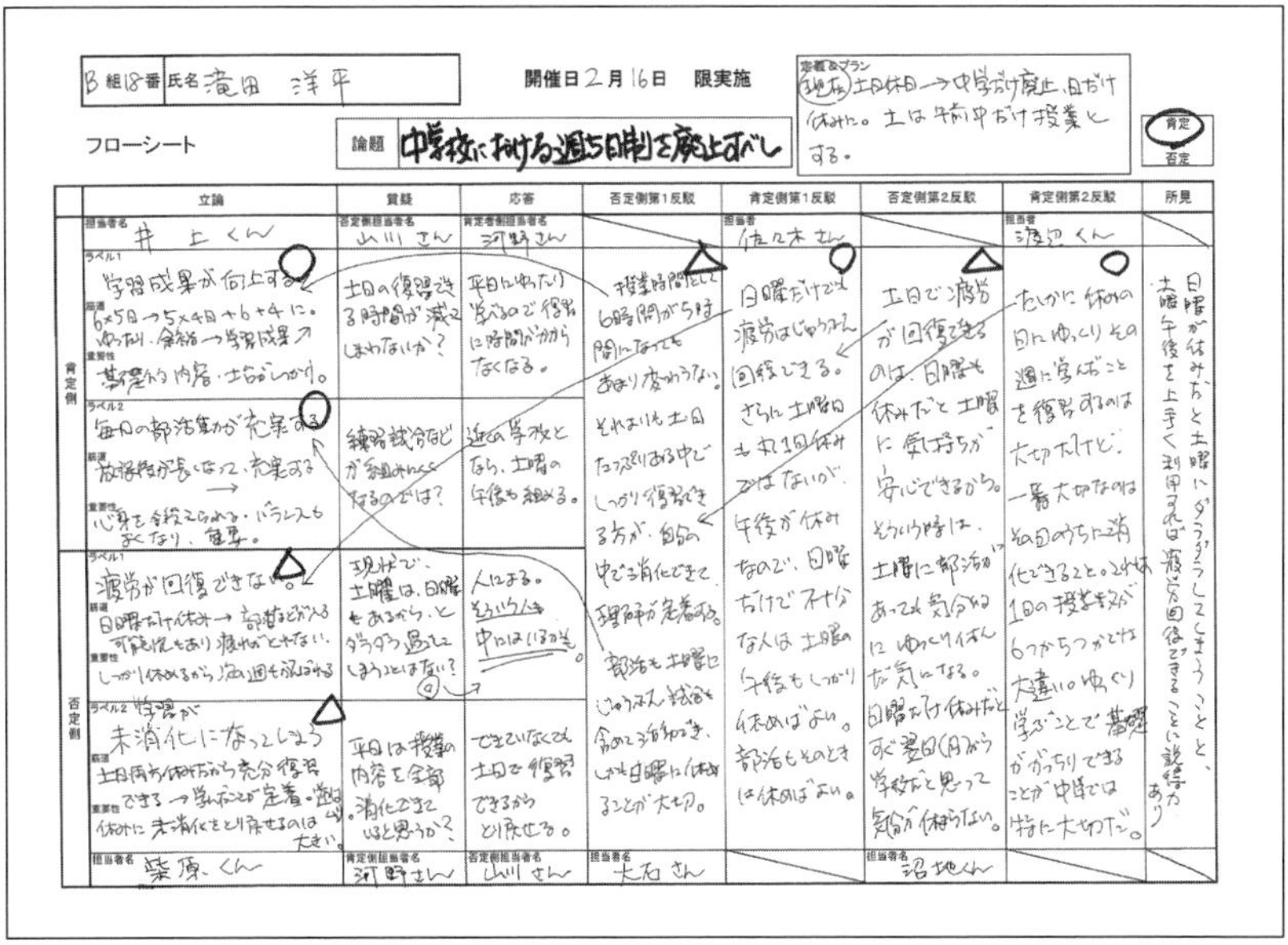

点で広い意味での「対話」と考えてよいだろう。そして言うまでもなく審判やオブザーバーとして丁寧にフローシートに試合の内容を記録した経験は、次に自分たちが対戦者として試合に臨むにあたっての貴重な訓練となる。

(5) ジャッジは根拠を明確に示させる

試合の最後に審判によるジャッジがある。審判は自分が記したフローシートをもとに、肯定側、否定側が提示したラベル一つ一つについて「有効」だったか「無効」だったかを試合中の議論をもとに示す必要がある。これも初期段階では教師が行い、子どもたちに型を学ばせれば、少しずつ子どもたちも上手にできるようになる。「週五日制廃止」ではたとえば次のようなジャッジができるようになる。（鈴野の授業での子どものジャッジを再構成）

子ども　肯定側の一つ目のラベル「学習成果が向上する」についてですが、肯定側は「平日の授業が五時間目までになり、学習成果が向上する」と主張しました。否定側はそれに対し、土日の復習時間の重要性を根拠に反駁しましたが、それよりその日のうちに消化する方がよいという肯定側の第二反駁に説得力がありました。これは否定側の「学習が未消化になってしまう」というラベルを否定する根拠にもなりました。また、否定側の「疲労が回復できない」というラベルも肯定側の「土曜の午後を有効に使えばよい」という反駁が効いていたので、肯定側の勝ちとします。

5 「対話的な学び」を成功させるための「評価・振り返り」指導のコツ

岸 あゆり（神奈川県・北鎌倉女子学園中学校高等学校）

1 「評価」と「振り返り」の意義と問題点

「評価」という言葉が教育現場で盛んに使われるようになっている。子どもによる相互評価、自己評価、ルーブリック評価などである。しかし、評価の前提にあるものが忘れられているふしはないだろうか。まずはここで評価の意味と意義を明確にしたい。

ここで扱う評価とは指導者である教師が学習者である子どもに対して、子どもの到達度を判定することを指すこととする（後で述べるが、子どもによる自己評価は「振り返り」と呼ぶ）。そして評価によって得られることを次の二点に絞って考えたい。

①学習者の到達度を知ることによって、指導者が授業内容を内省したり、次の授業計画につなげたりできる。（指導者の成長）

②学習者は達成したことを認められるので、さらなる意欲の向上につながる。（学習者の意欲づけ）

つまり、指導者から発信される評価は指導者にも学習者にも良いフィードバックを与えるのである。ただし、たとえば授業の終盤になって子どもに書かせる感想などは、何のために書かせるのかという視点を抜きにしては、日々のルーティンワークとなってしまう。

闇雲な評価にならないためには、何よりもまず評価の前提となる「目標」が大切である。目標は、学習者の実態によって異なるので、学年を通して系統的に設定していく必要があろう。そして切れ味のある目標であればあるほど、授業のゴールも見えやすくなる。目標の設定の仕方については次章でくわしく述べる。

具体的な評価の方法だが、まず目標に向けた行動を子どもが始めたときに、その場で言葉で評価したい。「○班は前のページまで見直しているよ」「○班は～という言葉に線を引いて読んでいるよ」などである。

しかし、①に挙げた「学習者の到達度を知ること」は、学級の人数が多い場合には把握することが困難である。一部の議論をリードする子どもにスポットライトが当たり、それ以外の子どもの到達度がうやむやになったままになってしまうことも考えられる。そこで評価を補完する形で用いられるのが「振り返り」である。

振り返りとは学習者である子ども自身が自分の到達度を内省することと定義しておきたい。振り返りによって得られるメリットは次が挙げられよう。
①学習者が自身の到達度を図ることによって、自分のできたこととまだできていないことを区別でき、次に向けた課題意識が生まれる。（学習者の意欲づけ）
②指導者が把握しきれない学習者の到達度を知ることによって、指導者が授業内容を内省したり、次の授業計画につなげたりできる。（指導者の成長）
振り返りの具体的な方法としては、どこまでわかりどこがわからなかったのか、誰の意見になるほどと思ったのかを、話し合いや書くことによって思考を外言化させる。外言化する機会がないと肝心の内容が流れ去ってしまう。押さえを利かせて言葉によって振り返らせることで、次の授業への接続がスムーズになる。

2 「羅生門」（高校1年現代文）の構造よみの授業

ここでは高校一年生の「羅生門」の構造よみでどのように目標設定をし、評価・振り返りをするか見ていこう。

まず、授業者がどのような授業計画を立てたかを述べておきたい。「羅生門」は、飢え死にするか、強盗になってでも生きるべきかぼんやりと生きる下人が、老婆との出会いを通じて、考えを変容させ、強盗をしてでも生きることこそが正義と思うようになるというストーリーである。「羅生門」でクライマックスとして子どもからよく出されるのは次の二箇所である。

> もちろん右の手では、赤く頬にうみを持った大きなにきびを気にしながら、聞いているのである。しかし、これを聞いているうちに、下人の心には、ある勇気が生まれてきた。

（中略）【A案】その時の、この男の心持ちから言えば、飢え死になどということは、ほとんど、考えることさえできないほど、意識の外に追い出されていた。

「きっと、そうか。」

老婆の話が終わると、下人はあざけるような声で念を押した。そうして、一足前へ出ると、不意に右の手をにきびから離して、老婆の襟上をつかみながら、かみつくようにこう言った。

【B案】「では、おれが引剥をしようと恨むまいな。おれもそうしなければ、飢え死にをする体なのだ。」

下人は、すばやく、老婆の着物を剥ぎ取った。

（傍線、中略、【A案】【B案】は岸。）

クライマックスはB案であるのだが、実はその決め手となるのは、B案の文の直前にある「不意に右の手をにきびから離して」という表現なのである。後述するが、作品中に四回描かれる「にきび」の意味を考えることで、B案をクライマックスと決定することができる。

そこで本時の目標を次の通りに定めた。(1)

目標A 「クライマックス」は「山場」の中で一番盛り上がる所であることがわかる。

目標B 「クライマックス」は人物のものの見方・考え方が大きく変化する所、人物同士の関係性が大きく変化する所であることがわかる。

目標C 「クライマックス」は、読者へのアピール及び描写性が高い所であることがわかる。

目標D 作品の主題を予想しながら、「クライマックス」を決定する。

目標E 普通と違う表現（「にきび」の描写）に着目し、それらの意味・効果を考える。その上でクライマックスを決定する。

このように目標Aから目標Eに至るまで、目標を段階的にレベルアップさせた。目標Aは何度か構造よみを体験した子どもであれば、必ずクリアして欲しい目標として設定した。目標Bはもっと上の目標である。なぜなら、その作品が「人物のものの見方・考え方」の変化を描いた作品なのか、または「人物同士の関係性」を描いた作品なのかは、作品によって異なるからだ。以前学習した作品を想起しつつ、作品の事件の流れが前者、または後者のどちらによって形作られているかを判断する力が求められるのである。作品全体を見渡す俯瞰的な力が求められているといえよう。授業者（岸）は、この学級で「羅生門」以前に「夢十夜」（夏目漱石）や「化けくらべ」の授業をしたこともあり、「羅生門」が中心人物である下人の「ものの見方・考え方」の変容を描いた作品であることは子どもたちはクリアできるだろうと予測した。

しかし、目標D・Eについてはより高次の目標であり、今回の授業においてはこれをクリアすることが一番のハードルになるであろうと考えたのである。

よく「登場人物の心情に注意しつつ読む」などの目標が設定されるが、これでは具体性に欠け目標の切れ味が弱いため評価も曖昧なものとなる。目標と評価は連動している。目標の切れ味にこだわることが肝要である。

3 「羅生門」の授業記録

岸が昨年行った「羅生門」の授業記録を紹介する。

日時：二〇二〇年一月十四日（火）六時間目
対象：北鎌倉女子学園高等学校1年梅組（30名）

（クライマックスとしてA案・B案まで絞り込めた。）

教師① では二つまで絞れたね。賛成・反対の意見を出してください。では3班。

子ども 私の班はB案だと思いました。下人の台詞でかぎ括弧（「　」）がついていて描写性が高く、読者へのアピールが高いと思ったからです。

教師② なるほど。A案は？　支持する意見はないの？

（しーんとしている）

教師④ だけどみんなはさっき、この作品は下人が盗人になることを決意する話だって読みとったよね。A案には「飢え死になどということは、ほとんど、考えることができないほど、意識の外に追い出されていた」とはっきりと書いてあるよ。ここですでに考えが変化しているんではないかな？

（B案に多勢が傾いていたので揺さぶりをかけた）

子ども でも「引剥をしよう」とまでは考えていなかったと思います。

教師⑤ そうか、「意識の外に追い出された」だから「引剥をしよう」とまでは思ってないね。正確に読んでいるね。でも、盗人が決定的になる箇所だったら、「下人は、すばやく、老婆の着物を剥ぎ取った」というもっと後の部分がクライマックスとしてふさわしいのでは？「着物を剥ぎ取った」んだから。

（困ってざわざわしている）

教師⑥　他に迷いが吹っ切れたとわかる表現はないのかな？　普通と違う表現はないかな？　うーん、気づかないかな。「では、おれが」の直前に……。

子ども　「にきびから手を離して」とある。

教師⑦　そこに気づいた人は手を挙げて（半分くらい手が挙がった）。どんな意味があるのかな？（しーんとしている）では、作品全体で「にきび」が出てくる所に印をつけてみよう。５分。はじめ。

（「大きなにきびを気にしながら」「赤くうみを持ったにきびのある頬である」「もちろん右の手では、赤くうみを持った大きなにきびを気にしながら」「にきびから手を離して」が挙がった。）

教師⑧　「にきびを触る」ってどういう意味かな？

子ども⑨　にきびを触るのは単に癖なんじゃないのかな。

子ども⑩　でも、癖って考えごとをしていたり、何気ない時に出るものだと思うから、下人は悩んでいるときににきびを触るんではないかな。

教師⑪　なるほど、現実世界ではそうだね。よく気づいた。では「にきびを離す」のはどういう意味？

子ども　考えごとが吹っ切れた。なくなった。

教師⑫　では、悩みがなくなったところ、「そうして、一足前へ出ると、不意に右の手をにきびから離して、老婆の襟上をつかみながら、かみつくようにこう言った。」から二文続きとみて、クライマックスはＢ案だね。全体を俯瞰してクライマックスを決められたということだよ。ではクライマックス決めに納得できたかな？　どこまでわかって、どこがわからなかったのかノートに三行くらいで書いてみよう。また、なるほどと思った意見も書いておこう。

子どもは目標Ａ～Ｃまではクリアできていたが、目標Ｄ・Ｅに達するまでには助言が必要であった。特に目標Ｅの「にきび」に着目させることはできたものの、意味を考えさせる助言（「「にきびを触る」ってどういう意味かな？」）はうまく機能しなかった。子どもが「癖って考えごとをしていたり、何気ない時に出る」と発言したのを拾って、すばやく「『にきびを離す』というのはどういう意味？」と助言を打って、何とか「にきび」（＝懊悩・迷い）の意味の発見までつなぐことができた。

授業の最後に「振り返り」を子どもに指示し、ノートに5分程度で書かせ、班の中で発表し合った。

4 「目標」を段階化し、切れ味にこだわる

前章の実践で挙げた授業では、B案をクライマックスに決定するには子どもたちは確信を持っていない状態にあった。そこでB案に揺さぶりをかけて、A案との対立点を明確にし、「迷いがふっきれた」とわかる箇所を改めて子どもに探させた。「にきび」という言葉の形象を読みとらせ、クライマックス決定の鍵にしたのである。

このように、目標を段階化し目標の切れ味にこだわることで、明確な評価につなげることができる。切れ味のある目標と評価は子どもの意欲を引き出し、対話を豊かにする。「にきび」の意味に子どもが気づいた時は、気づいた子どもだけでなく、クラス全体が「はっ」とした空気を感じることができた。

しかし、評価だけでは子ども一人一人をきめ細かく把握することはできない。そこで子ども自身が行う「振り返り」が必要である。どこまでわかってどこがわからなかったか、わかるために何が必要だったのか、誰の意見になるほどと思ったかをを話し合わせ外言化させる。

「羅生門」の授業では、班の中で行った振り返りを班長に発表させた。子どもからは次のような意見が出た。

自分がクライマックスだと思ったB案だけを見ていて、その前にすでに下人の気持ちが盗人になろうと気持ちが固まっていたのを、先生から言われるまで見落としていた。そこで「にきび」の意味がわかって、B案の方が下人の生き方が明確に出ているところだと納得した。

評価・振り返りは目標と連動している。目標が空疎なものでは、どんな評価も振り返りも意味をなさない。「対話的学び」を引き出す切れ味のある目標こそが鍵となる。

注

（1）「『クライマックス』決定にむけた学習の系統化について」第三四回「読み」の授業研究会・冬の研究会（二〇一八年）秋田サークルの資料を参考にした。

6 「対話的な学び」を成功させるための「指導案・細案」作成のコツ

志田　裕子（秋田県潟上市立羽城中学校）

1 はじめに

「対話的な学び」を成功させるための「指導案・細案」作成のコツは、次の五点である。

①その単元そして各時間で子どもたちに身につける国語の力をできる限り具体的に意識化すること。

②国語科の教科内容の系統性を明確にしながら、それ以前の学習とのつながりを重視すること。

③協働で思考する場面を、単元の中に明確に位置づけること。

④個に応じた支援を具体的に明記すること。

⑤毎時間の子どもたちの様子、振り返りカードやノート等で、学びの過程も丁寧にチェックし、現状把握を正確に行うこと。

以上のことを、秋田県潟上市立羽城中学校での実践を紹介しながら述べていく。

2 授業を構想する

(1) 生徒の実態を正確に捉える

中学3年生の七月に「聞き手の心に残るスピーチをしよう～自分と社会との関わりを伝える」という授業を計画した。スピーチの話題は、新聞記事から選ぶことと限定し、国語科の授業でスピーチを鍛える学習を行う。学習のゴールとして、学年集会で、学級の枠を越えてスピーチを聞き合うことにした。このような単元を構想した理由は、次の生徒の実態からである。

①構成を考えたスピーチをすることや文章を書くことに、やや苦手意識をもっている生徒が多い。

②新聞やニュース等を読む機会が少ない。

さらに、高校入試に向けた面接練習を進路学習として後学期に位置づけていることも視野にいれ、国語科の授業の中でスピーチ力を養っておきたいと考えたからである。また、中学三年生として、社会に視野を広げるきっかけも作りたいと考えた。

(2) 既習との繋がりを意識する

本単元に入る前の単元では、説明文を読み、筆者の説明の工夫を読みとった。本単元で

国語科学習指導案

1　単元名　聞き手の心に残るスピーチをしよう～自分と社会との関わりを伝える～

2　目標

(1)　社会と自分との関わりについて考えたことが相手に伝わるようスピーチを行おうとする。
（国語への関心・意欲・態度）

(2)　語句や表現、スピーチの構成等を工夫し、自分の考えたことを聞き手に効果的に伝えることができる。（A話すこと・聞くこと（ア））

(3)　聞き取った内容を評価して聞き、自分のものの見方や考え方を深めたり、自分の話し方の参考にしたりすることができる。（A話すこと・聞くこと（ウ））

(4)　社会生活における敬語の適切な使い方について理解することができる。
（伝統的な言語文化と国語の特質に関する事項）

3　生徒と単元

(1) 国語科の授業の中で，グループでの話し合い活動では，互いに意見を出し合い，話し合う活動を楽しんでいる様子が見られているものの，自分の意見を進んで発言する生徒には偏りが見られる。また，帰りの学活で，スピーチを聞き合う時間を設定しているが，２文３文のスピーチで終わってしまう生徒が多いのが現状である。

前単元の説明文の学習では、筆者の説明の工夫を読みとり、構成や表現、書き出しの工夫等について理解した。また、自分の意見を文章にまとめるときやスピーチの際に応用できることにも気づいている。本単元では、スピーチを組み立てるときに、前単元での学習を想起させ、学びをつなげていくことで、同学年の友達の心に残るスピーチができるようにさせたい。

(2) 本単元では，自分と社会との関わりの中に話題を見つけ，聞く人の心に残るスピーチを組み立てる学習を行う。スピーチの発表の場としては，各教室で互いに聞き合い，さらには学年集会で，他のクラスの生徒のスピーチを聞き合う活動を設定する。同学年の生徒同士が，互いに考えたことを聞き合うことにより，自分の考えを広げたり深めたりするきっかけとなってほしいと考えている。

中学３年生は，様々な相手を前に話す機会が多い。そこで，本単元では，各学級でスピーチを聞き合い，互いに評価し合う学習活動を通して，自分のスピーチをより質の高いものに修正する学習を大事にしたい。聞き手の状況に応じて，適切な言葉遣いで思いを伝えるという経験は，今後の生活に生かしていくことができると考える。

は、前単元で読みとった筆者の説明の工夫をスピーチを組み立てる際に意識して取り入れるようにする。

国語科の教科内容は、一つの教材の学習を終えるとそれで終わりという感覚をもってしまいがちである。教材が変わっても、そこで身につけた国語の力が次の単元に繋がり、深まっていくことを生徒も指導者も意識することが必要である。説明文の単元と表現することの単元を繋ぐことは有効であると考えている。

本単元では、スピーチの内容を考える時間に、どんな工夫が必要か話し合う時間をとった。教師から一方的に工夫することを伝えるのではなく、生徒同士の対話の中で既習の学習と本時の学習を繋ぐことが、主体的な学びとなると考えたからである。

次に指導案の一ページめと本時案を示す。

（※「3生徒と単元」の「(3)支援について」は省略する。）

(3) スピーチを修正する場面に協働の学習活動を取り入れる

スピーチを練習する場面に協働の学習を位置付ける。つまり、グループで聞き合い助言を伝え合う時間を十分確保する。本単元では、説明文の学習で読みとった表現の工夫を取り入れたスピーチをつくることをねらいとしている。既習の学習であるため、生徒全員が安心して学習活動に入ることができ、かつスピーチの内容を吟味し、助言し合えると考えたからである。

3 授業の実際

二〇一九年に秋田県潟上市立羽城中学校三年生を対象に行った授業を紹介する。

本単元は次のように4時間で計画した。

1	新聞記事を読み、スピーチの話題を選ぶ。
2	スピーチを組み立て、グループで聞き合う。
3	他のグループとスピーチを聞き合い、助言をもとにスピーチを修正する。【本時】
4	学年全体でスピーチを聞き合う。

(1) 授業の実際2／4時間目

教師① スピーチを組み立てるうえで、大事なことはどんなことがあるでしょうか。

子ども　聞き手が興味をもってもらえるような組み立てにしたらいいと思います。

教師②　構成のことですね。これまでの学習で、どんな構成を学習してきましたか。

子ども　頭括型にして、最初に自分の意見や感想から話すと印象に残るし、次も聞きたくなります。

子ども　説明文の学習で、頭括型、双括型、尾括型を学習しました。

教師③　説明文「月の起源を探る」では筆者の説明の工夫を読みとりましたが、どんな工夫があったでしょうか。

子ども　書き出しの工夫をしていました。最初に聞き手の心をつかむことはスピーチの工夫になります。

子ども　書き出しと結びをうまくつないでいました。

子ども　問いかけも適切にいれていました。

授業記録にあるように、生徒は説明文の学習を想起し、そこで読みとったことが本単元のスピーチに生かせることを生徒同士の対話を通して気づいていった。全員が学んだことなので、生徒も安心して話し合うことができた。生徒から出された前単元で読みとった筆者の説明の工夫については、いつでも確認できるよう掲示しておいた。支援の一つでもある。

(2) 授業の実際3／4時間目

先に示した本時案のねらいは、スピーチの内容に着目して助言し合い、スピーチを修正することであった。ところが、2時間目の同じグループ内での助言のやりとりは、ほとんど「話し方」への助言になっていることが、生徒の振り返りカードからわかった。

3時間目は、生徒同士がスピーチを聞き合い、助言し合う活動に十分な時間をとりたいと考え、導入は五分の本時案を作成していた。が、これではねらいに達しないこと、さらに協働の活動の中に学びが生まれないことを危惧し、導入を急遽変更することにした。

導入を12分とり、本時の学習活動で助言し合う時の視点となる内容を確認できるようにした。3時間目は、生徒だけで活動する時間を30分とっていた。その活動に確かな学びが生まれるために必要なことと考えたから

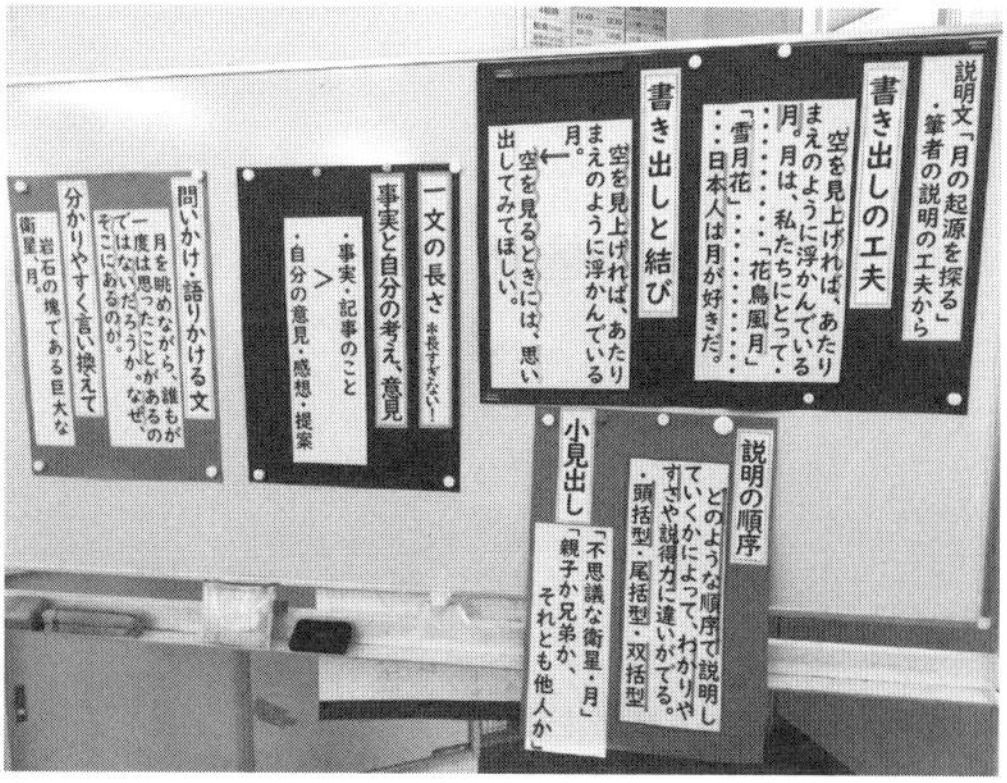

だ。毎時間の生徒の学びの状況、現状把握を正確にすることにより、次時の授業を柔軟にデザインしていくことが重要であると考えている。

　実際の授業の様子を授業記録から次に引用する。

教師①　前の時間には、どんな助言を受けましたか。また、今日特に頑張りたいことは何ですか。

子ども　間の取り方を工夫したいと思います。

子ども　声が小さいと言われたので、気をつけたいです。あとは滑舌にも注意します。

子ども　「満足しない男」が強調されていてよかったと言われました。

教師②　それは、どのようにして強調したのですか。

子ども　双括型にして、最初と最後でサニブラウン選手の進化加速について触れました。

子ども　自分の提案を出していて、そこがよいと言われました。

教師③　どのような提案をいれましたか?

子ども　記事の感想で終わらずに、高齢者が安心して暮らせるための提案を後半にいれました。説明文で学習した「問いかけ」も使ったことで、最後まで興味を持って聞くことができたと言われました。

子ども　僕は、八村選手の人間性が伝わるように、記事のどの部分を引用するか、よく考えているのが良かったという感想をもらいました。

　多くの生徒が「話し方」について助言を受けていたが、3人の生徒がスピーチの内容について助言されており、その生徒たちへ教師の方からさらに問いかけをして、助言や感想の内容を具体的にした。導入を延ばしたことで、学級全体が、本時はスピーチの内容や表現の工夫等に着目して聞き合うことを確認できた。

4　おわりに

「指導案・細案」を作成して授業をするのは当然だが、日々の授業では授業者が見てわかるメモのようなものでも構わないと思う。しかし、研究会や公開研究会等では「指導案」は資料として提示することになる。「指導案」そのものも重要な提案資料となる。研究会が近づくと、学校内で文言等のチェックが入り、授業の準備にたどり着かないという声が聞かれることも現場ではある。が、指導案という形で、自分の授業を文章に書いていくことで、授業が整理され客観的に見えてくることに繋がる。億劫がらずに「指導案・本時案」を書くことを日頃から鍛えておくことが大事だと感じている。私自身、本稿を書くために今年度作成の指導案を提示したが、まだまだ不十分であると自覚しているところである。

「対話的な学び」がある授業を作るためには、目の前の生徒の実態を正確に、とらえること。さらに、国語科の系統性をしっかりと意識し、今の学びが次はどこに繋がっていくのか等、広い視野と柔軟な考えをもつことが必要だ考える。

1　「白いぼうし」（あまんきみこ）の1時間の全授業記録

髙橋　喜代治（成蹊大学非常勤）

・日時　二〇一九年六月七日（金）
・学級　秋田大学教育文化学部附属小学校4年A組
　男子15人　女子15人　計30人
・授業者　鎌田　雅子　先生
・グループ構成　4人グループ×6、3人グループ×2
※枠内は、学習集団指導に関する髙橋のコメント

〈本授業のねらい〉　人物描写を根拠に、ちょうの声が聞こえた松井さんの人柄を読みとる。

〈本時の学習問題〉　なぜ、松井さんにはちょうの声がきこえたのだろうか。

　ここに掲載した授業記録は、「白いぼうし」の10時間目の記録である。

　前時の授業で子どもたちは、「なぜ、松井さんにはちょうの声がきこえたのか」について各自がノートにまとめた。教師はそれに目をとおしている。

　教師はまず導入で、上記に示した本時の学習問題を板書し子どもに一斉読させ、しっかり確認した。次に教師は前時の子どもの学習記録を踏まえ、学習問題の解明について「松井さんの行動に理由がある」場合、「松井さん本人に理由がある」場合の二つに整理して授業をすすめた。

　次に「松井さんのどんな行動が、声が聞こえる理由になりそうかな?」と問いかけ、子どもから「普通ならあり得ない松井さんの行動」という目のつけ所を引き出し、松井さんの行動に理由がある「あり得ないところ」

を子どもたちに線引きさせた（個人学習）後、グループ学習で話し合わせ、その結果を学級全体で発表をさせた。

その発表や教師と子どものやりとりの一例を次に示す。この例の他に子どもたちからは、「あり得ないところ」として、女の子に対する松井さんの、大人に対するのと同じような丁寧な接客態度や、あわててアクセルを踏む松井さんの様子などが指摘され、そこから松井さんの人柄を読みとる学習が展開された。

子ども　15段落の「菜の花横町」ってことを、「菜の花橋」ですねと言い換えているってことは、それは本当は、ないってことなのに……。

教師①　今の言ったことわかる？　菜の花橋ですねって松井さんが言い換えてるってことは？

子ども　菜の花横町はない。

教師②　ない。

子ども　おーおー。

子ども　なのに、普通の運転手さんなら、いや知りませんが、だと思うんですけど……すぐ理解した。

子ども　優しい。

教師③　やっぱり優しい。じゃあ、どんな松井さんが見える？

後半では、「松井さん本人に理由があるところ」として、クライマックスの部分から、松井さんの人柄を読みとる学習が展開される（ここまで約20分）。

教師④　ここの松井さんに、みんなが言っている松井さん自身の理由ありそうかな。はい、グループでどうぞ。

> この指示でグループの話し合いに移行。子どもたちはスムーズに話し合いを始め、集中して話し合いができている。話し合い学習の楽しさを経験的に知っているようだ。教師はグループの指導に入っている。

〈ここからグループの話し合い〉

子ども　21段落には、おやって心配していて、その窓の外を、22段落に、窓の外をぼんやり見ているうちにっていうのは、「よかったね。」「よかったよ。」と書いてあって、その松井さんの想像の世界の小さな声じゃないかなって。

子ども　あ、じゃあ、ぼんやり見ているから。

子ども　ぼんやり見ているから、その想像で、「よかったね。」「よかったよ。」っていうのが聞こえたんじゃないかな。

子ども　あと、踊るように飛んでいるんだよ。

子ども　じゃあ、その蝶が話していた。

子ども　そう。

子ども　ぼんやり見ていたっていうのは、松井さんの想像で聞こえた。

教師⑤　松井さんは何を想像したんだろう。

子ども　踊るように飛んでいる蝶を想像して、自分の頭の中で、「よかったね。」「よかったよ。」というのが……。ちょっとピンときてない。

教師⑥　なに言ってるかわかる？

子ども　うーん。

教師⑦　もう一声みたいだけど。二人はわかったんだ。

子ども　うん。

教師⑧　踊るようだなって想像したの？

子ども　うん。

教師⑨　踊るように飛んでいるから、「よかったね。」「よかったよ。」って言っているんだと想像したの、きっとそう思っているんだろうなってこと。それをお話ししてごらん。

（ここで教師は次の班へ移動）

子ども　踊るようにだから、ありがとうと伝えながらも助かったみたいな……。

教師⑩　ありがとうと伝えているんだろうなって思ったのは誰？

子ども　誰だ？

教師⑪　踊るように飛んでいるから、これがなんかいい感じに、いい気持ちを伝えるように感じるんでしょ。踊るように飛んでいるって誰が見えてんだろう？

子ども　松井さん。

教師⑫　松井さんだって。みんなどう、蝶が踊ってるなんて見えたことある？

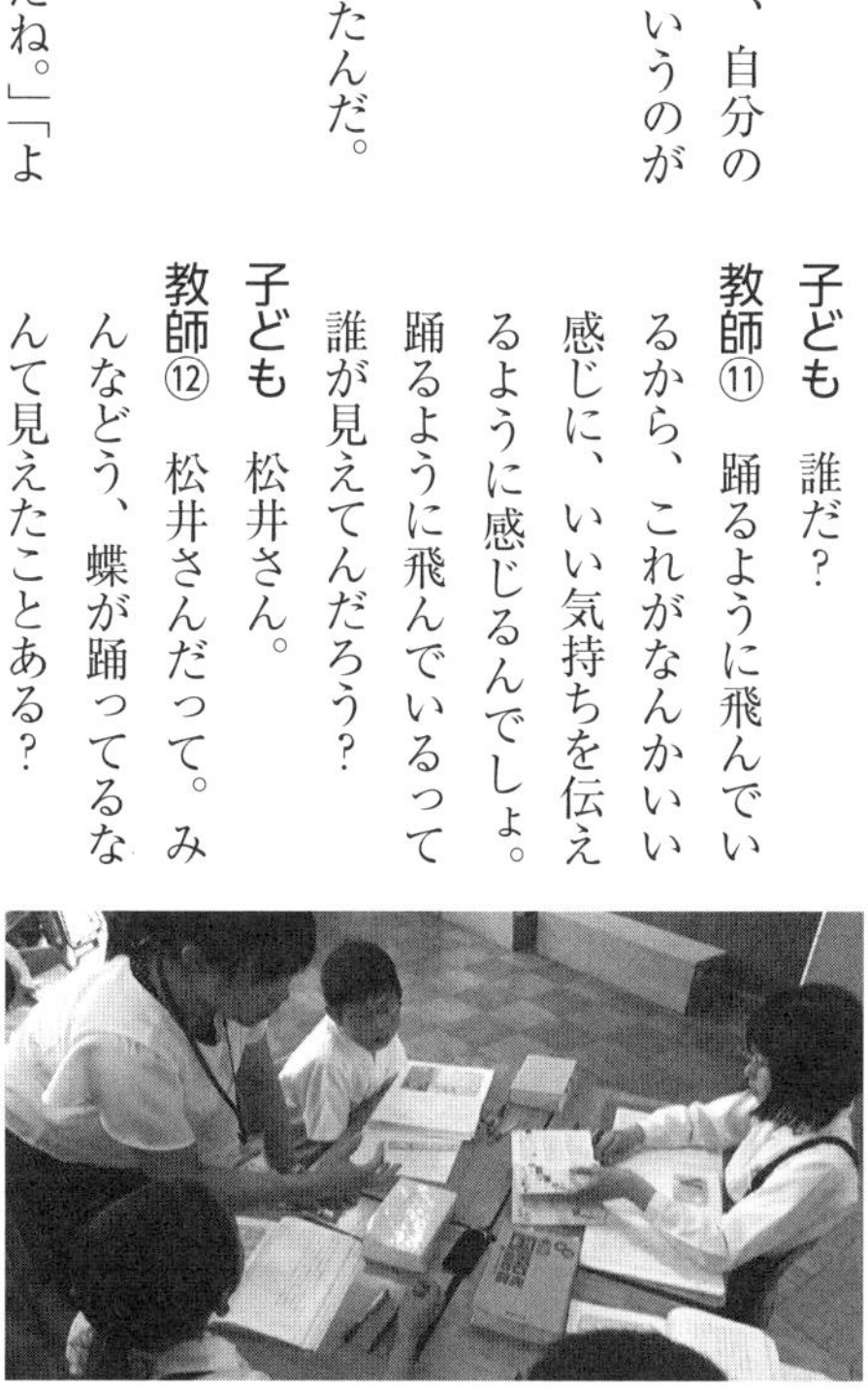
写真1　グループの話し合い

子ども　普通に飛んでる。
子ども　松井さんには踊っているように見えたけど……。
子ども　「ぼんやり」が「きっちり」だったら聞こえないんじゃないかな……。
（ここで、教師は次の班へ移動）
教師⑬　うんうん、反対の言葉にしたのね。ここまではほら、女の子は消えたって思ってたけど、ぼんやりと眺めているとき、松井さんが何を思ったのか。ちょっと想像したんだよね。何想像した？
子ども　松井さんが眺めていたとき、はっきりとじゃなくて……。
（ここで、教師は次の班へ移動）
教師⑭　ファンタジー？
子ども　三つの意味があって、三つ目に実際にあるかははっきりしないものっていう……。これは「よかったね。」「よかったよ。」っていう小さな小さな声でしたっていうことは、かすかなっていうこと。本当にあるかはわからない。確実っていうことは、普通の声じゃあ……何ていうのかな。
教師⑮　じゃあ、松井さんに聞こえた声は聞こえてないってこと？
子ども　なんか本当はないかもしれないけど。
教師⑯　あ、本当はないかもしれない声を聞こえた松井さんってこと？
子ども　はい。
教師⑰　あ、そこね。けっこう難しいよ、説明。誰が本当はないように思う？　蝶なんてしゃべらないよと思うの誰。たとえば松井さん思うのかな。
子ども　あ、でも松井さんも女の子もそうは思わないし。
教師⑱　そうだよね。じゃあ、松井さんはそうは思わないんだ。蝶、しゃべらないって思わないんだ。
子ども　松井さんはしゃべると思っている。
教師⑲　ああ、因みに、蝶しゃべると思ったことあるの？
子ども　ないです。
子ども　それがファンタジー。
教師⑳　そっか、そういうことがあるのがファンタジー。だから松井さんには普段聞こえない声が聞こえたんだと。聞こえたように感じたの？　聞こえてないの？

子ども　聞こえたんだけど、それはないかも知れない。
子ども　幻かもしれない。
教師㉑　難しいね。誰にとって幻なんだろう?
子ども　松井さんにとって。
教師㉒　じゃあ、松井さんに聞こえてないじゃない?
子ども　違う、違う。
教師㉓　なぜ聞こえたのだろうかって聞いて、聞こえなかったって言ったら、みんなえーって顔するよ。上手に説明しないといけない。なんか先生にはだいたいわかった。それぐらいで……。
子ども　蝶どうしの話し合い、松井さんに話しかけていないんだけど、松井さんには聞こえたように、あの……。
教師㉔　聞こえたようにって……聞こえたの?　うん、聞こえたってことは、松井さんってどんな人。
子ども　何でも感じ取れる。
教師㉕　そこをいけばみんなもわかるかもしれない。

> ここでグループの話し合い終了。この間、教師は四つのグループに入り、指導しているが、それは同時に各グループの話し合いの動向――どの表現からどんな松井さんの人柄を読もうとしているか――を把握し、次の全体学習を準備するためでもある。実際、この後の全体学習の問答に生かされている。

〈ここから学級全体での検討〉

教師㉖　7班から聞こうかな?
子ども　はい。私たちの班は、23段落に、「踊るように飛んでいる蝶をぼんやり見ているうちに松井さんにはこんな声が聞こえてきました。」と書いてありますよね。その「ぼんやり」は、眠たくなっているような感じで、そこのところから松井さんは、得意の想像の世界に入ってしまって、「よかったね。」「よかったよ。」っていう声が聞こえてきたのではないかと思いました。
子ども　似ています。
教師㉗　5班。
子ども　僕たちの班では、7班さんに似ていて「ぼんやり」というところに注目して、ぼんやりだから、真剣に聞いていると一つだけに集中していて、ぼんやりは2個とか3個とか4個に集中しているから、そこから、「よかったね。」「よかったよ。」というのが、想像から聞こえた。
教師㉘　3班。

子ども　僕たちの班では「ぼんやり見ているうち」というところに注目して、ぼんやり見ているうちに帽子から逃がした蝶はどうなったかなとか、あの女の子はこの蝶の中に紛れているのかなとか思って、それで、「よかったね。」「よかったよ。」というのを蝶が伝えようしたことが合わさって、聞こえたんじゃないかな。

教師㉙　えっ、じゃあちょっと聞きたいんだけど、ぼんやりするって何も考えてないわけじゃないこと？　ぼーっとしているって言ったよねえ。でもこの班はあの女の子はどこに消えたのかなとか、あの蝶はって考えてるって言ったよね。っていうことはぼんやりと考えているとき、松井さんは無になっているわけじゃ……。

子ども　ない。

教師㉚　ないって思ってるの。ちょっと因みにぼんやりってさ、本当に無になるしか意味が無い？

子ども　違う。

教師㉛　引いてみた人いる？　ぼんやり、引いてみた？その辞典の意味教えて。

子ども　はい。物や色、形がはっきりしていない様子。もう一つは気がゆるんで注意がはたらかない様子。

教師㉜　何かがはっきりしないぼーなのか、注意していないぼーなのか、どっちなんだろう。松井さんにとって何がはっきりしてないんだろう。

子ども　何でいなくなったか。

教師㉝　ああ、だからここに来たのね。はっきりしないままこんなことを考えていたのかなって思った松井さんには聞こえたかな。一個ずつにしましょう。みんなしゃべりたいからね。6班。

子ども　7班さんと5班さんに付け足しなんですけど、23段落であっちにもこっちにも蝶がいたと書いてありますよね。踊っているように松井さんには見えたから、蝶が踊れる……僕たちにとってはただ飛んでいるようにしか見えないけど、松井さんには踊っているように見えたから、蝶がみんなにお礼しているように見え

写真２　教師と子ども

て、蝶が無事でよかったよってお礼しているんだと思います。

子ども　ああ。

教師㉞　あーって、○○さん、何があーなの？

子ども　松井さんには踊るように蝶が見えたから、踊るようにっていうのは、うれしいような感じが、それでよかったねっていうことを言っているんだと思います。

教師㉟　じゃあ、踊るように見えた松井さんは蝶がどうだと思ってるの？

子ども　喜んでる。

教師㊱　喜んでるかなって。みんな蝶を見てうれしそうだなんて思ったことある？

子ども　はい。

教師㊲　あ、ある。いいよ、もしかしたら松井さんかもしれない。でもそこがそうかもしれない。６班はそうなんだよね。僕たちは飛んでるって思ってるけど、松井さんは踊ってるように見えてる。勢いよく手を挙げたので、聞かせて。何思ったの？

子ども　うれしそうだなって、僕、踊ってるように見えたときある。

教師㊳　へえー。蝶、踊ってるように見えたことある、素敵。

子ども　ロマンチック。

教師㊴　ロマンチックだね。ねえ、蝶が踊ってるなんて見える松井さんどんな人？　そこ、三十秒だけグループで、はい。

〈ここからグループの話し合い〉

教師㊵　どんな人？　一言でまとめると。

子ども　想像。

教師㊶　想像ってまとめるとさ、ないことも想像しちゃうよ。

子ども　あー。

教師㊷　誰のことを想像してるの？

子ども　蝶。

教師㊸　だね、蝶の気持ちを……。

子ども　想像。

教師㊹　想像じゃない言葉に変えられない？

子ども　蝶の気持ちを……読みとる……。

教師㊺　読みとる、ああいいんじゃない。蝶の気持ちを読みとっちゃう人。

〈ここから学級全体での検討〉

教師㊻　はい6班。

子ども　松井さんは伝えたいことがわかる。

教師㊼　3班。

子ども　6班に付け足しで、松井さんは想像力が高い人。

子ども　似ています。

教師㊽　7班。

子ども　松井さんは蝶のことを感じる人。

教師㊾　蝶のことを感じる？　あっ、あててもいいよ。

子ども　4班さん。

子ども　松井さんは心がきれいな人だと思いました。

教師㊿　えっ、なんで？

子ども　普通の人だったら、あ、なんか飛んでるなって思うと思うんですけど、心のきれいな人って人間とか、人の言葉がしゃべれない生き物でも自分と同じようにたとえているのかなと思いました。

教師51　人間じゃなくても気持ちがわかっちゃうような人かな。最後、8班。

子ども　僕たちの班では、想像力が豊かな人だと思いました。

教師52　何が想像できるんだろう。

子ども　蝶。

教師53　蝶だったら、うん、蝶の気持ち、相手の気持ちを想像できる力がすごいのかな。今日、どう、今日だけで特別な松井さんが見つかった？

子ども　はい。

教師54　じゃあさ、今日見つかった松井さんて、どんな人？　自分でまとめてごらん。

（子どもたちは各自まとめに入る）

教師55　はい、途中かもしれないけど、一回手を止めてください。○○さんのを紹介して。

子ども　はい。松井さんは、人のことを感じたり伝えたいことがわかる力をもっている。わけは23段落で、「松井さんには」と書いてあるからそう思いました。

教師56　相手の気持ちをこうかなって思うことは力なんだって。その人が持っている能力、素敵な力かなっていうところに気づけて、なんかあったかい気持ちで終われますね。（授業終了・45分）

【教材】「白いぼうし」（あまんきみこ）「山場」の本文

車にもどると、おかっぱのかわいい女の子が、ちょこんと後ろのシートにすわっています。

「道にまよったの。行っても行っても、四角い建物ばかりだもん。」

つかれたような声でした。

「ええと、どちらまで。」

「え。——ええ、あの、あのね、菜の花横町ってあるかしら。」

「菜の花橋のことですね。」

エンジンをかけたとき、遠くから、元気そうな男の子の声が近づいてきました。

「あのぼうしの下さあ。お母ちゃん、本当だよ。本当のちょうちょが、いたんだもん。」

水色の新しい虫とりあみをかかえた男の子が、エプロンを着けたままのお母さんの手を、ぐいぐい引っぱってきます。

「ぼくが、あのぼうしを開けるよ。だから、お母ちゃんは、このあみでおさえてね。あれっ、石がのせてあらあ。」

客席の女の子が、後ろから乗り出して、せかせかと言いました。

「早く、おじちゃん。早く行ってちょうだい。」

松井さんは、あわててアクセルをふみました。やなぎのなみ木が、みるみる後ろに流れていきます。

「お母さんが、虫とりあみをかまえて、あの子がぼうしをそうっと開けたとき——。」と、ハンドルを回しながら、松井さんは思います。「あの子は、どんなに目を丸くしただろう。」

すると、ぽかっと口をＯの字に開けている男の子の顔が、見えてきます。「おどろいただろうな。まほうのみかんと思うかな。なにしろ、ちょうが化けたんだから——。」

「ふふふっ。」

ひとりでにわらいがこみ上げてきました。でも、次に、

「おや。」

松井さんはあわてました。バックミラーには、だれもうつっていません。ふり返っても、だれもいません。

「おかしいな。」

松井さんは車を止めて、考え考え、まどの外を見ました。

そこは、小さな団地の前の小さな野原でした。

白いちょうが、二十も三十も、いえ、もっとたくさん飛んでいました。クローバーが青々と広がり、わた毛と黄色の花の交ざったたんぽぽが、点々のもようになってさいています。その上を、おどるように飛んでいるちょうをぼんやり見ているうち、松井さんには、こんな声が聞こえてきました。

「よかったね。」

「よかったよ。」

「よかったね。」

「よかったよ。」

それは、シャボン玉のはじけるような、小さな小さな声でした。

車の中には、まだかすかに、夏みかんのにおいがのこっています。

（『国語四上かがやき』二〇二〇年、光村図書　振り仮名省略）

第４学年Ａ組　国語科学習指導案

授　業　者　　　　　鎌田雅子
研究協力者　阿部　昇，成田雅樹
教材分析協力者　　　羽田朝子

1　単元名　想像をふくらませて読もう　～白いぼうし～

2　子どもと単元

(1) 子どもについて

「春のうた」の詩の学習では，「普通だったらカエルはケロケロと鳴くのに，ケルルンクックと鳴くのはなぜだろう。」という問いから，弾むような言葉の印象と久しぶりの春を喜ぶカエルの心情を結び付けて読むことができた。その後の学習場面でも「普通だったら」という考え方で言葉と向き合う姿が見られたことから，言葉への着目の仕方の一つとして有効であると感じていることがうかがえる。

一方で，一つの可能性として考えを出し合い，吟味する学び方には不慣れである。

読みと読みとを関係付けて思考し，最適な解釈や新たな解釈を見いだす学びとなるためには，発表するだけでなく，一人一人が自らの考えを表現しながら比較，吟味する「対話」が不可欠である。話合いで読み深めるとはどういうことなのか，発表と「対話」の違いを考え始めている子どもたちである。

(2) 単元について

本単元では，**登場人物の行動や会話に即しながら，それぞれの登場人物の性格を押さえ，それらの人物像を読むという資質・能力**を高めることを目指す。クライマックスの出来事と主人公の人柄を関係付けて読むことで，俯瞰した読み方を無理なく引き出すことができると考えるからである。

「白いぼうし」は，松井さんに寄り添って描かれる初夏の色彩豊かな街中の情景描写とともに，異世界との不思議な交流が展開されるファンタジーである。誰でもファンタジーの世界に招かれるわけではない。松井さんには異世界の住人に選ばれる素質があるのである。相手の思いに寄り添い，相手の行動を肯定的に捉える松井さんの人柄を作品全体から読みとる楽しさを味わうことができる教材である。

最後まで主人公が不思議な出来事の渦中にいることにはっきりとは気付かない本教材をファンタジー作品として捉え，物語の世界を想像するには，確かな読みの力が必要となる。そこで，ファンタジーの読み方を確かめ，主人公の人柄とクライマックスを関係付ける読み方に触れる機会として補助教材「山ねこ，おことわり」を読む活動を単元の導入に位置付ける。主人公の目の前で，山ねこが正体を現したり人間の姿に戻ったりするという不思議な現象も，山ねこへの接し方やその変化から読みとることのできる松井さんの人柄も，「白いぼうし」に比べて格段につかみやすい教材である。学習内容や学習方法を教材を越えて活用するよさを実感したり，物語を想像して読むとはどういうことなのか考えたりする姿を期待し，本単元を設定した。

(3) 指導について

本単元で育む資質・能力を高めるために，**登場人物の普通とは違う言動に着目し，クライマックスで起きる出来事の意味を主人公の人柄と関係付けて考える「見方・考え方」**を単元を通して働かせる。

クライマックスに描かれる「おどるように飛んでいるちょうをぼんやりながめる」松井さん。まるでちょうがおどっているようだと感じたのは松井さんであり，寄り添うことのできる相手がちょうにまで及ぶことに気付かせたい。そのために，おふくろ，男の子，女の子など複数の人物に対する松井さんの言動から人柄を考える活動を設定する。それによって，松井さんの人柄がより明確になり，ちょうの声が聞こえた出来事と結び付けて考える一助になると考える。また，同じシリーズ作品である「山ねこ，おことわり」を読む活動を導入に設定することで，松井さんらしさを感じながら本教材も読む子どもの姿が期待できる。物語の設定が単純明快な「山ねこ，おことわり」を先に読むことにより，ファンタジー作品の読み方を確かめる場にもなる。

人柄とクライマックスを関係付けて読む時間には「松井さんがちょうを助けてお礼を言われる物語」という，多くの子どもから出されることが予想される初発の読みを揺さぶる。ちょうを助けようと思って助けたわけではないという読みを確かめることができたとき，ちょうの声が聞こえた理由を他に見いだす必然性が生まれる。「対話」を通して，これまでの読みとつないだり，互いの読みを吟味したりすることができるように，機を捉えて教師が個の発言を全体に問い返していく。読みを修正したり更新したりしながら，相手が目の前にいるいないに関わらず，誰であっても心に寄り添うことのできる優れた共感性が，異世界の住人ですら心を許してしまう松井さんの人柄であることを見いだしていく過程を大切にしたい。

3　単元の目標〈記号は本校の資質・能力表による〉

(1) 色彩を表す言葉やオノマトペ，比喩表現が，温かく幻想的な物語の印象を生み出していることを理解する。
(2) 中心人物の人柄とクライマックスを関係付け，叙述を基に想像して読むことができる。
(3) 友達と自分の考えを比較しながら，進んでよりよい読みを見いだそうとする。

4　単元の構想（総時数 11 時間）※「見方・考え方」を働かせた学習活動

出来事に気をつけて読もう　～もうすぐ雨に～（3年）

⇩

◎本単元で育む主な資質・能力
登場人物の行動や会話に即しながら、それぞれの登場人物の性格を押さえ、それらの人物像を読む。

○本単元の学習活動で働かせる主な「見方・考え方」
登場人物の普通とは違う言動に着目し、クライマックスで起きる出来事の意味を主人公の人柄と関係付けて考える。

時間	学習活動（・は予想される子どもの姿）	教師の主な支援	評価〈本校の資質・能力との関連〉
1・2	(1) 設定や構成を確かめながら「山ねこ，おことわり」を読む。	・ファンタジーという文種を理解することができるように，既習の物語で似ている作品は何か考える場を設定する。	・ファンタジーとは何か考えながら，「山ねこ，おことわり」を読んでいる。
3	**(2)「山ねこ，おことわり」で松井さんが「また，いつでもどうぞ」と言った理由について話し合う。**	・松井さんの人柄と言動を関係付けて読むことができるように，人柄に関する発言を取り上げて，「松井さんらしさ」を感じられる場面が他にもないか投げかける。	・主人公の人柄とクライマックスを関係付けて読んでいる。
4	(3)「白いぼうし」を読み，初発の感想を交流する。 ・この物語も，不思議な出来事が起こる話だ。	・学習問題につながる言葉への引っ掛かりを意識することができるように，疑問に思ったことを感想に必ず書くよう，指示する。	・進んで感想を伝え合い，初発の感想をもつことができている。
5・6	**(4) 物語を通読してクライマックスはどこか話し合い，学習計画を立てる。** 学習問題 なぜ，松井さんにはちょうの声が聞こえたのだろうか。	・子どもの問いで学習を進めていくことができるように，物語の大まかな構成を捉えた上で，学習問題を話し合ってつくる場を設定する。	・物語の構成を理解し，クライマックスとなる場面とその理由を考えている。 ・クライマックスを意識し，書かれてあることをもとに問いを考えている。
7・8	**(5)「始め」の部分を読み，松井さんの人柄について考える。** ・松井さんは「たぶん，この人はこう思うだろう」と相手の気持ちを考えられる人だ。 ・松井さんは相手と一緒にがっかりしたり，喜んだりできる人。	・ぼうしの持ち主の思いを推し量る松井さんの考え方に気付くことができるように，おまわりさんが松井さんをじろじろ見た理由を話し合う場を設定する。 ・男の子に対する考え方を松井さんの人柄と捉えることができるように，松井さんの優しさを感じられる部分を話し合う場を設定する。	・松井さんの複数の言動を根拠に，松井さんの人柄を捉えている。 ・オノマトペや比喩表現の効果と松井さんの人柄を関係付けて読んでいる。
9	(6) 女の子の正体について話し合う。 ・女の子の言葉や行動から考えると，やっぱり変身したちょうだ。	・再度接近する男の子と，慌てる女の子を関係付けて考えることができるように，女の子が「早く行ってちょうだい」と言った理由を話し合う場を設定する。	・根拠となる叙述とそこから考えたことを関係付けながら，女の子の正体について読んでいる。
10本時	**(7) なぜ，松井さんには，ちょうの声が聞こえたのか話し合う。**	・相手に寄り添う松井さんの人柄を，クライマックスからも見つけることができるように，「普通だったら…」という見方でクライマックスを読むよう促す。	・松井さんの言動を根拠に，クライマックスで起こる出来事と主人公の人柄を関係付けて読んでいる。
11	(8) 本単元の学びをふり返る。	・学びをつなげる意識を高めるために，物語の読み方と読みとった内容と二つの視点からふり返るよう指示する。	・どんな言葉に着目して何を読むことができたか，物語の読み方に触れて学習をふり返っている。

⇩

物語の一番伝えたいことと，主人公の変化とを関係付けて読もう　～プラタナスの木～

5　本時の実際（10／11）

(1) ねらい　松井さんにちょうの声が聞こえた理由を話し合う活動を通して，登場人物の言動と不思議な出来事のつながりに着目し，松井さんの人柄を読みとることができる。

(2) 展開　　　　○省察を通して自律的に学習を進めるための支援

時間	学習活動（・は予想される子どもの姿）	教師の支援　評価
2分	①　学習問題を確認する。 学習問題 なぜ，松井さんにはちょうの声がきこえたのだろうか。	・意図的指名をしたり読みの変容を見取ったりできるように，前時の最後に学習問題に対する考えを書く場を設定しておく。
36分	②　松井さんにちょうの声が聞こえた理由を話し合う。 A　ちょうが声を聞かせた。 ・お礼を言った。 ・声を聞かせることがお礼代わり。 B　松井さんに理由がある。 ・１回女の子の姿のちょうと話をしていたから。 ・不思議なことに巻き込まれやすい人だから。 ・自分（ちょう）の気持ちをわかってくれたから。 女の子と松井さんを読む ・「早く行ってちょうだい」と言ったら松井さんが慌ててアクセルを踏んでくれた。自分の気持ちをわかってくれたと思ったのかもしれない。 ・ぼうしを拾う場面と同じで，ちょうを助けようとして行動したわけではない。でも，結果的に助かってうれしかった。 ・小さい子が勝手にタクシーに乗っていたら，普通だったら違う反応をするはず。 ・四角い建物という言い方や行き先がはっきりわからないなど，女の子はちょっと怪しい。それでもお客さんとして接していて優しいと思う。 クライマックスの描写を読む ・「おどるように飛んでいるちょう」という部分から，松井さんにはちょうたちがおどっているように見えたと読める。ちょうの気持ちにまで寄り添っている。 ・これまでも相手の気持ちに寄り添える松井さんが書いてあったけれど，ちょうの気持ちにまで寄り添えるなんてすごい。	・子どもたちは，ファンタジーという文種やクライマックスへの伏線から，最後に聞こえた声はちょうの声であると考えている。ちょうの声が聞こえた松井さんという前提で本時の学習も進めていく。 ・「ちょうを助けた松井さんだから」という読みを整理することができるように，着目している場面を確認する。ぼうしを拾った行動は男の子のことを思ってのことであるという読みは，前時までに押さえておく。 ・個の学びを保障するために，女の子に対する松井さんの接し方を読むことを確かめた後で，女の子がうれしかった松井さんの言動を，教科書に印を付けながら探す時間を設ける。 ○松井さんの人柄をより深く捉えていくことができるように，「感謝の気持ちを伝えたくて」という発言を取り上げて，松井さんの女の子に対する言動を読む。そこから感じられる人柄を話し合う場を設定し，相手の気持ちを肯定的に捉えたり，相手の思いを推し量ろうとしたりする松井さんの人柄が女の子との関わり方からも読めることをに気付かせていく。 ・気になる叙述を根拠に人柄を考えることができるように，「普通だったら…」という考え方を使っている発言を捉えて賞揚する。 ○不思議な出来事に巻き込まれることと，相手の思いに寄り添いたいと思う松井さんの人柄を関係付けることができるように，クライマックスにも，他の場面で見られた松井さんの人柄がわかる叙述はないか問う。
7分	③本時で読み取った松井さんの人柄をノートにまとめ，学習をふり返る。	・ちょうの声が聞こえたことと松井さんの人柄を関係付けてふり返りを書くことができるように，クライマックスの出来事に関係ある松井さんの人柄は何だと思うか投げかける。 人物描写を根拠に，ちょうの心にも寄り添う松井さんの人柄を読み取っている。 （発言・ノート）

3 「白いぼうし」の教材研究

阿部 昇（秋田大学）

「白いぼうし」は、あまんきみこの『車のいろは空のいろ』（ポプラ社）中に収められている。タクシー運転手の松井さんともんしろちょう（女の子）とのかかわりあいによって事件が進行する。光村図書の小学校4年国語教科書に掲載されている。[1] 定番教材の一つである。

1 「白いぼうし」の構造よみ

この作品は「導入部―展開部―山場」の三部構造である。「終結部」がない。

まず「発端」である。この作品の主要な事件は松井さんともんしろちょう（女の子）によって成立している。だから二人の出会いが事件の始まりであり発端である。

発端は次の部分である。

> アクセルをふもうとしたとき、松井さんは、はっとしました。「おや、車道のあんなすぐそばに、小さなぼうしが落ちているぞ。風がもうひとふきすれば、車がひいてしまうわい。」

この直後「ぼうしをつまみ上げたとたん、ふわっと何かが飛び出しました。」ともんしろちょうが飛び出す。松井さんがこの白いぼうしを見つけるところが、事実上の松井さんともんしろちょう（女の子）の出会いである。

発端には四つの着目の指標があるが、ここでは次の三つに明確に当てはまる。[2]

（1）主要な事件がそこから始まる。

（2）主要な人物がそこで出会う

（3）日常とは違ったことが起きる。（日常→非日常）

ただし、四つ目の「説明的な書かれ方から、描写的な書かれ方に変わる」には当てはまらない。発端の直前部分は、松井さんとその車に乗っている紳士との会話である。母親が送ってくれた夏みかんを松井さんが車に乗せていたことをめぐり、二人が会話する。ここからは、松井さんの人柄は読めるが、まだ主要な事件は始まっていない。このように説明的な設定ではなく具体的な出来事による導入部もある。「少年の日の思い出」（H・ヘッセ）などもその例である。これをエピソードなどと言う。

そして「クライマックス」である。白いぼうしから飛び出したもんしろちょうは、自分を捕らえようとしている男の子から逃れるため人間の女の子に姿を変えて松井さんのタクシーに乗る。（この時点では読者にも松井さんにも、女の子がその蝶であることはわからない。）

松井さんは女の子を乗車拒否することなく、菜の花橋まで連れてきてあげる。子ども扱いでなく丁寧にやさしく女の子に接する。菜の花橋に着く頃女の子は消える。そこに蝶がたくさん飛んでいる。「おどるように飛んでいるちょう」を松井さんが見ていると声が聞こえてくる。

「よかったね。」
　「よかったよ。」
「よかったね。」
　「よかったよ。」

松井さんがどこまで気がついているかはわからないが、松井さんに送ってもらったもんしろしょう（女の子）が一方の声の主であることは明らかである。本来であれば異界の者である人間に自分たち蝶の声は聞かせないというのが、おそらくはルールなのであろう。それを、ここで蝶たちは松井さんに聞かせている。あるいは松井さんに聞こえることを許していると読める。

クライマックスには三つの着目の指標があるが、ここではそのいずれにも当てはまる。(3)

（1）事件がそこで決定的となる。
（2）読者により強くアピールする書かれ方になっている。（描写の密度の高さ、表現上の工夫など）
（3）作品の主題に強く関わる。

松井さんともんしろちょう（女の子）との関係性が〈蝶が声を聞かせる〉というかたちで発展し決定的となる。会話文で描写性が高く、二行目と四行目の一字下げとい

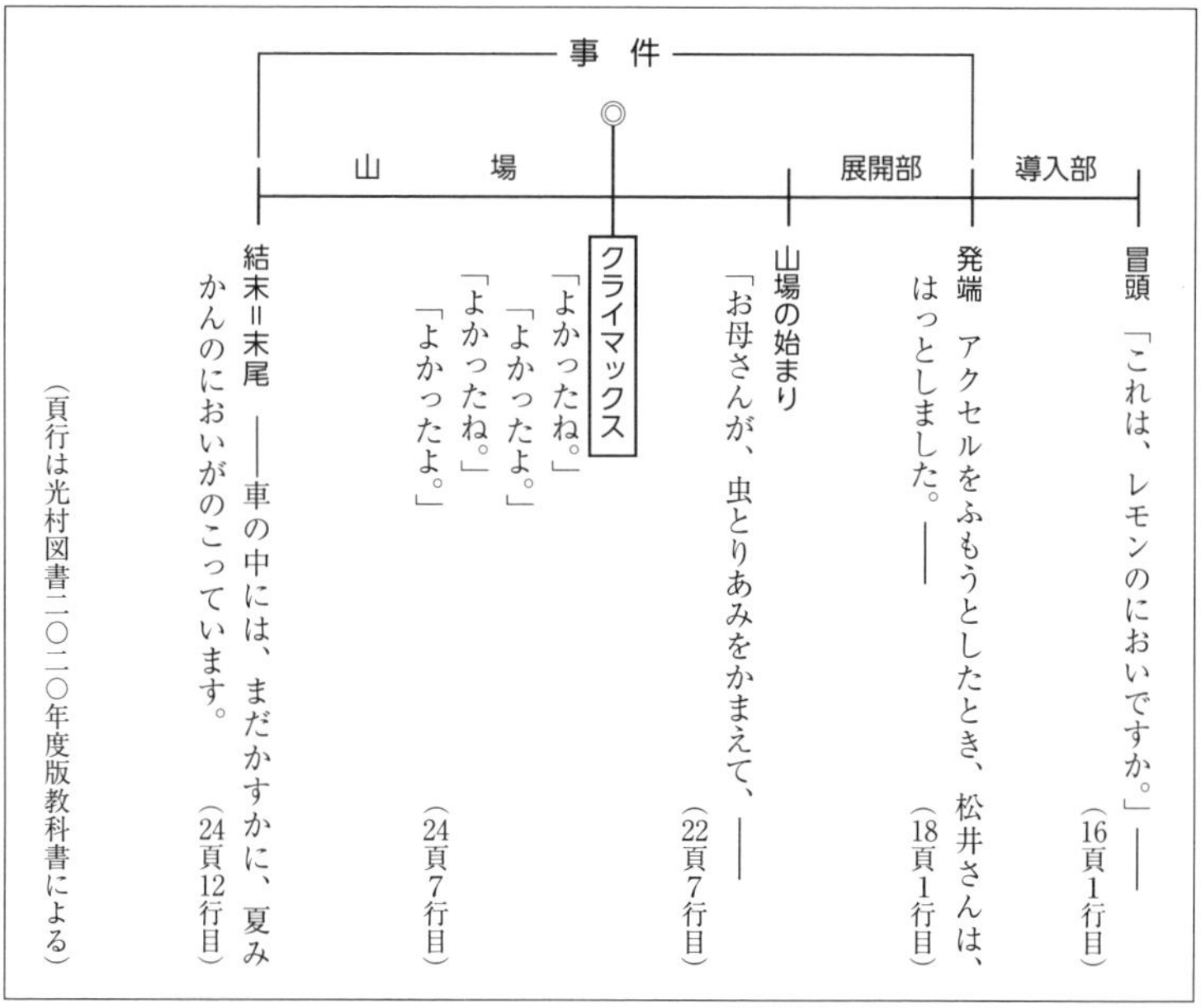

冒頭　「これは、レモンのにおいですか。」――（16頁1行目）

「よかったよ。」（24頁7行目）
（頁行は光村図書二〇二〇年度版教科書による）

う表現上の工夫もある。もちろん主題と深く関わる。

構造表は上段のとおりである。

2　「白いぼうし」の形象よみ

形象よみでは、「導入部」「展開部」「山場」それぞれの鍵となる語や文に着目し、それを読み深め読みつなぐ。（「鍵」は事件展開上のキーワード、キーセンテンスのことである。）

(1)　導入部の形象よみ

導入部では松井さんの人物像（人柄）が豊かに読める。たとえば次は特に松井さんの人物像がよく見える。

> 「もぎたてなのです。きのう、いなかのおふくろが、速達で送ってくれました。においまでわたしにとどけたかったのでしょう。」（中略）
> 「あまりうれしかったので、いちばん大きいのを、この車にのせてきたのですよ。」

「もぎたて」「速達」「においまで」などから、夏みかんを送ってくれた母親の愛情を松井さんが強く感じていることがわかる。あまりの嬉しさに、いちばん大きいのを車にのせてきたと言う。松井さんにとって夏みかんが愛おしく価値のあるものであることがわかる。

松井さんの母親への愛情、子どもっぽいくらいの無邪気さ、天真爛漫さが読める。この松井さんの人物設定が、展開部以降の事件展開の重要な鍵となる。

(2) 展開部の形象よみ

展開部の発端も重要な鍵である。また、白いぼうしをつまみ上げた後の松井さんの反応も重要な鍵である。しかし、稿の都合でここでは女の子への松井さんの応対の部分の鍵に絞る。次が重要な鍵である。

> 車にもどると、おかっぱのかわいい女の子が、ちょこんと後ろのシートにすわっています。
> 「道にまよったの。行っても行っても、四角い建物ばかりだもん。」
> つかれたような声でした。
> 「ええと、どちらまで。」
> 「え。——ええ、あの、あのね、菜の花横町ってあるかしら。」
> 「菜の花橋のことですね。」

まず「おかっぱのかわいい女の子」「ちょこん」という言い方から、松井さんが女の子を肯定的に捉えていることがわかる。直接には語り手の表現(評価)だが、明らかにそこには松井さんの見方(評価)と重なっている。

また、子どもが一人で突然タクシーに乗り込んできたのに、何の不信感も抱かないところが松井さんらしい。子どもが一人でタクシーに乗ってくれば、普通の運転手なら乗車を拒否する可能性が高い。少なくとも親はいないのか、お金はあるのかなど尋ねるはずである。しかし、松井さんは「ええと、どちらまで。」と敬語を使い一人のお客さんとして女の子に応対する。そのうえ「菜の花横町ってあるかしら。」と行き先さえ曖昧である。ここでも松井さんは「菜の花橋のことですね。」とフォローする。決して子ども扱いすることなく丁寧に接する。自分より弱い立場の者に接したとき、人間の本質は顕在化する。

女の子は自分の身に危険が迫っているので「早く」と松井さんを急かすが、それにも松井さんは誠実に「松井さんは、あわててアクセルをふみました。」と応対する。

松井さんにそのつもりはないものの、この丁寧で優しい応対が蝶を救出することにつながる。だから蝶たちは松井さんに自分たちの声を聞かせている――という可能性が読める。

(3) 山場の形象よみ

山場の最大の鍵は、クライマックスである。

> その上を、おどるように飛んでいるちょうをぼんやり見ているうち、松井さんには、こんな声が聞こえてきました。
> 「よかったね。」
> 　「よかったよ。」
> 「よかったね。」
> 　「よかったよ。」
> それは、シャボン玉のはじけるような、小さな小さな声でした。

まず「よかったね。」「よかったよ。」の二行目と四行目が一字下げである。蝶たちの声が、上の方からも下の方からも聞こえてきていると読める。同時に声だけでなく、蝶たちが上に下にひらひら舞っている姿も思わせる。音楽的形象と絵画的形象である。

次に「松井さんには」の「には」に着目する必要がある。ここは「松井さんに」でもいいはずである。ここは「他ならぬ松井さんには聞こえた」と読める。蝶たちが他ならぬ松井さんに自分たちの声を聞かせたということである。

「おどるように飛んでいる」も重要である。蝶たちは特に踊っているわけではない。しかし、「おどるように」飛んでいると意味づける。これは語り手の見方であるが、松井さんの見方でもある。松井さんが、蝶たちの飛ぶ姿を極めて肯定的に見ていることがわかる。

松井さんの人柄、女の子への応対・態度、行動、共感。それがあったからこそ、蝶たちは異界の人間である松井さんに自分たちの声を聞かせたのであろう。優しく分け隔てない誠実な人間性が、異世界と心を通い合わせることを可能にした物語ということになる。

注

（1）小学校教科書『国語四上』二〇二〇年、光村図書
（2）阿部昇『増補改訂版 国語力をつける物語・小説の「読み」の授業――「言葉による見方・考え方」を鍛えるあたらしい授業の提案』二〇二〇年、明治図書、五七頁
（3）前掲書（2）六〇頁

4 「白いぼうし」の授業の徹底研究
――クライマックスに伏線が収斂していくダイナミズムを読む

阿部　昇（秋田大学）

1 「言葉による見方・考え方」としての「伏線」

学習指導要領の国語では「言葉による見方・考え方」が前面に位置づけられている。これは言語の能力に関わるより高次の国語科の教科内容と言いかえられる。知識・スキルレベルを超えたより高い言語の力である。

物語・小説の「読むこと」学習にかかわる「言葉による見方・考え方」の一つとして「伏線」への着目がある。物語・小説には事件の最大の結節点であるクライマックスがあるが、それに向け導入部、展開部、山場と丁寧に伏線が仕掛けられている。その構造が見えることで、作品の豊かさに迫ることができる。「伏線」という切り口は、重要な「言葉による見方・考え方」なのである。

鎌田先生の授業は、その「伏線」への着目と読み深めが見事に展開された格好の典型例である。クライマックスに伏線が収斂していくダイナミズムを読んでいる。

鎌田先生は、単元前半までに「クライマックスはどこか話し合」う学習過程を明確に位置づけている。本時では、それを生かしてそのクライマックスで「なぜ、松井さんにはちょうの声が聞こえたのか」を学習問題に設定し、その理由を追究している。その中で子どもたちはさまざまな伏線を発見し読み深めていっている。

2 授業前半での「普通ならありえない松井さんの行動」への着目

子どもたちは、授業前半で松井さんの「普通ならありえない」行動に気づきはじめる。稿の都合からその追究過程の記録が説明だけなのは残念だが、ＤＶＤを見ると子どもたちは次のような箇所に着目している。


車にもどると、おかっぱのかわいい女の子が、ちょこんと後ろのシートにすわっています。

「道にまよったの。行っても行っても、四角い建物ばかりだもん。」

つかれたような声でした。

「ええと、どちらまで。」

「え。——ええ、あの、あのね、菜の花横町ってあるかしら。」

「菜の花橋のことですね。」


子どもたちは、松井さんが子どもである女の子に、まるで大人に対するような丁寧な態度で接していることに気づいている。「普通ならお金持ってるとか聞く」「子どもなんだから敬語使わない人の方が多い」などと解読していく。

また、次の箇所にも着目する。


客席の女の子が、後ろから乗り出して、せかせかと言いました。

「早く、おじちゃん。早く行ってちょうだい。」

松井さんは、あわててアクセルをふみました。


ここでも子どもたちは、女の子は怖いから急かしているが、普通ならこんなに慌ててアクセル踏まないなどと解読する。

この態度が、結果としてちょう（女の子）を救い、クライマックスで「よかったね。」「よかったよ。」という声を松井さんに聞かせることにつながっていることに気づきはじめる。

3　授業後半での「松井さんの共感」への着目

ここからは記録に掲載されているが、後半ではまず女の子が「え。——ええ、あの、あのね、菜の花横町ってあるかしら。」と行き先が曖昧であるにもかかわらず、松井さんは「菜の花橋のことですね。」とすぐに対応していることに着目した。


「ええと、どちらまで。」

「え。——ええ、あの、あのね、菜の花横町ってあるかしら。」

「菜の花橋のことですね。」

教師②の後で子どもは「普通の運転手さんなら、いや知りませんが、だと思うんですけど……すぐ理解した。」

「優しい。」と発言している。

次にクライマックスの直前の一文に着目する。

> その上を、おどるように飛んでいるちょうをぼんやり見ているうち、松井さんには、こんな声が聞こえてきました。
> 「よかったね。」
> 「よかったよ。」
> 「よかったね。」
> 「よかったよ。」
> それは、シャボン玉のはじけるような、小さな小さな声でした。

特に「おどるように飛んでいるちょう」という表現にこだわっていく。グループの中で子どもは「松井さんには踊っているように見えたけど……。」（教師⑫の後）と発言している。また、全体の検討の中でも子どもは「僕たちにとってはただ飛んでいるようにしか見えないけど、松井さんには踊っているように見えた」（教師㉝の後）と発言している。

さらに教師㉞の後で子どもは「松井さんには踊るように蝶が見えたから、踊るようにっていうのは、うれしいような感じが、それでよかったねっていうことを言っているんだと思います。」「喜んでる。」と発言している。「おどるように飛んでいるちょう」から松井さんの蝶たちへの共感を的確に解読している。

＊

授業の前半も後半も、すべてクライマックスにつながる伏線への着目とその解読である。それらを総合していくことで、この作品の主題も見えてくる。「クライマックス」とその「伏線」への着目は、多くの物語・小説でも活きる重要な「言葉による見方・考え方」である。

4 「個―グループ―学級全体」による探究型授業

この授業は、一人で考える。次にグループで検討する。それを生かして学級全体で検討するという典型的な探究型授業である。「対話的な学び」の典型的なモデルである。それを生かしながら「深い学び」を展開し、確かな「言葉による見方・考え方」を育てている。

1 授業におけるアザーリングとケア

折出 健二（愛知教育大学名誉教授）

1 村上春樹氏の「うなぎ説」

村上氏は、小説について、書き手と読者の二者だけではいかにも形式的過ぎて面白みのない作品になるから、必ず第三者となる存在（それを氏は「うなぎ」と呼ぶ）が必要だという。以下、その部分を抜粋する。

> 村上：僕は「うなぎ説」というのを持っているんです。僕という書き手がいて、読者がいますね。でもその二人だけじゃ、小説というのは成立しないんですよ。そこにうなぎが必要なんですよ。うなぎなるもの。
> 村上：（前略）何でもいいんだけど、うなぎが好きだから。だから僕は、自分と読者との関係にうまくうなぎを呼び込んできて、僕とうなぎと読者で、三人で膝をつき合わせて、いろいろと話し合う。そうすると、小説というものがうまく立ち上がってくるんです。（中略）
> 柴田：その場合うなぎって何なんですかね（笑）。
> 村上：わかんないけど、たとえば、第三者として設定するんですよ、適当に。それは共有されたオルターエゴのようなものかもしれない[1]。（後略）

村上氏のいう「オルターエゴ」（Alter Ego）とは、別人格のことで、哲学では他なる自我とされる。村上氏は、作家と読者の二者関係ではなく、互いに共有される他者（第三者）の存在が小説の成立には必要条件で、それを氏は「うなぎ」と呼んだ。ユーモアを交えながらも小説の本質を語っていて、とても興味深い。

このことは小説の要件にとどまらない。文学作品を扱う授業でも、「読み手（子ども）」と「作品（作者）」の二者関係で「学び」をとらえるのではなく、「うなぎ」、つまり両者を相対化する他者（第三者）が要るのではないか。「アザーリング」（othering）に着目してきた筆者の視点で、「うなぎ説」を読み開き、それが授業におけるケアとつながることを示したい。

2 アザーリングについて

アザーリング（othering）は、ヘーゲル哲学の「他者」概念を調べるうちに出会った言葉である。社会科学の分野では「他者化」とされて使われているが、その場合の「他者」は主体にとって対立的で否定的な意味が強い。ヘーゲル『精神現象学』による他者論の原点に立てば、主体が自立性を得るうえで「他者」は肯定的な意味を持つこと、また、主体が向き合う他者だけではなくその主体自身も他者へ変化することが問題の急所である。

筆者はこれらのことを込めた言い方で「アザーリング」と表してきた。[2] 授業と生活指導について教師と子ども、子どもどうしの活動や関係性を分析・考察するなかで次のことが見えてきた。子どもたちは他者を発見し、自分を支える他者に出会い、自分も他者として積極的に関わっていく。ここに子どもたちの社会性発達の過程がある。他者と自己の関係をつくり、自分も他者になって相手に働きかけるこの関係性が「アザーリング」である。この「アザーリング」は、子どもが作品（教材）と向き合い、その読み・解釈をめぐって対話する活動として現れる。そこが、村上氏の「うなぎ説」と重なる。

多様な個性を持つ多様体（子どもたち）による学習活動として授業は成立し、他者性の発見という要素が複合的に働いている。作品を読むなかで子どもは自分とは違う読みをする他者がいること、人物の形象は他者性を持ち、例えば、ごんから見る兵十、兵十から見るごんと共に、ごん自身が見るごん（自分が向き合う自我）からも読めることに気づいていく。これまでそのことはほとんど問題にならなかった。

3 授業実践が育むアザーリングとケア

二〇二一年一月に公表された中教審答申「『令和の日本型学校教育』の構築を目指して～全ての子供たちの可能性を引き出す、個別最適な学びと、協働的な学びの実現～」は、どのような学習観を基にしているか。筆者の見方では、学習は情報とスキルの個人獲得の行為である、とする学習個人化・獲得モデルがベースになっている。同答申は、「Society5.0」の時代を見据えて、そのために必要な国民の資質能力を効率よく実現していく「ＧＩＧＡスクール」への移行を柱とする総合的な教育改革をすすめるとしている。そのために「学び」の個別化・多様化を重視し、ＩＣＴ教育活用によってそれを導く。その具体化が「個別最適な学び」で、これはＡＩ機能を活かした授業コンテンツを適用する学習であり、このような学習観を柱とする教育改革は従来になかった変化である。他方で、同答申は「幼稚園からＰＤＣＡサイクルを取り入れた効果的な指導」を推奨し、その一定の完成形態を義務教育修了段階で全国的な水準として求めている。

すなわち、「個別最適な学び」とは、予めビッグデータを駆使して「個別最適化」のためにつくられた精緻な学習コンテンツに一人ひとりが取り組み、その個人的獲得の成果が当人の能力の水準を表わすものとして評価されるのである。ところが、各自の学習達成は、ＰＤＣＡサイクルの視点から常に上昇を促すように形成的な評価が行われることになる。子どもにとっては現下の「最適」な達成が次のより高い「最適」な水準を想定してこれにいどむことになり、客観的には競争力学も働いて子どもたちは常に目標達成を追うことになりかねない。

同答申は、「個別最適な学び」が子どもたちを孤立させてはいけないので「協働的な学び」にも十分な配慮をおこなうべきだとして、グループ活動の導入にも言及している。この点では、日本型学校の特色である「特別活動」の教育的効果を発揮する可能性にも言及している。しかし、前述のように、学習は情報とスキルの個人獲得の行為であるという学習観が根底にある以上は、子どもたちは競争的自立に傾き、学習過程の中でアザーリング経験をもつことは狭くなると予想される。

これに対して、学習は個人相互の共同性（社会性）を基にし、一人ひとりの知的・文化的発達を実現する行為である、とする学習共同化・文化発達モデルの授業では、アザーリングと共にケアの積極面も現れてくる。授業における学習集団形成の実践も学習観の流れとしてはこの考え方を受け継いでいる。この授業では、子どもたちは学習対象（教材）に働きかけながら学習仲間にも働きかけ、自分も働きかけられている。働きかけるものが働きかけられる。この相互性そのものも学びの要素として織り込まれ、子どもに見えるようにするために、教材の特質に応じて学習の班・グループを編成するのである。

子どもは、自分たちの関係性を生きながら学習対象と向き合い、学習者としての自立にいどみ、発達していく。その現場では、仲間の言葉が「わたしへの働きかけ」と感じられ、「わたし」も仲間に届くように働きかける関係が生まれている。「対話」のある関係とは、このような他者との出会いと他者からの応答を内側に持って初めて生まれる。子どもは教材が呼び込む相互性を学ぶ（経験する）のである。

学習共同化・文化発達モデルでは、学習過程はアザーリングを経験する活動の場になると共に、一人ひとりが学習主体として尊重され、その小さな変化も仲間の視点から前向きに評価される。そこで、学習意欲、学習の目標意識、そして学力とは協働的なものという「学び」の考えも体得されていく。その過程では露骨な競争力学は必要でなく、つまずきも仲間の思考を刺激し、失敗からも学び合う関係が日常化するので、子どもの不安は仮に生まれてもすぐに解消していく。これが授業におけるケアの姿である。

「一人の人格をケアするとは、最も深い意味で、その人が成功すること、自己実現することをたすけることである。（中略）他の人々をケアすることをとおして、他の人々に役立つことによって、ケアする人は自身の生の真の意味を生きているのである。この世界の中で、私たちが心を安んじていられるという意味において、この人は心を安んじて生きているのである。それは支配したり、説明したり、評価しているからではなく、ケアし、かつケアされているからなのである[3]」

アメリカの哲学者、ミルトン・メイヤロフのこの「ケア」観は、ケアを世話や手当という保護または介護の形態でとらえることを超えて、一人ひとりの人格・人権主体の尊重に基づく自己・他者関係を提唱している。すなわち、ケアとは、相手を同等な個人として認め関わるアザーリングの実践であり、思想だといってもよい。

4　多様性・共同・自治と授業づくり

ジェンダー平等やケアが社会的価値となるこんにち

の学校教育では、個の尊重・多様性、共同と協働、個の意見表明と対話、合意による意思形成、子ども集団の自己決定の尊重を活かす教育活動が求められている。授業では､子どもたちは目的を共有し学びあう多様体（多様な子どもたちが織り成すコモンの関係）として活動する。ここでは、学ぶ目的に応じて、他者の必要と要求を知り、「つながる」「対話する」「合意する」「自分たちで決めて実行する」の連帯性が生まれる。発達障がいの子ども、ひとり親家庭の子ども、過去にいじめ被害や虐待的環境にあった子どもなど、多様な生育過程を持つ子どもたちが人前で自分のことを決めつけられることなく、安心して自己を表現できることが基本である。このような学級内の居場所を拠点にして他者と出会い、みずからも仲間に他者として関わるアザーリングが多様に展開していくのである。その主要な場面が授業での学びである。

子どものアザーリング経験を重視すれば、「学ぶ仲間」あるいは「子ども集団」を授業構成の要件に加えなくてはならない。つまり、学習活動の各場面で（a）仲間は「わたしに働きかける」ひと（他者）であり、（b）その「わたし」が「きみに働きかける」主体として自己表現する関係性を授業が育むという考え方である。（a）と（b）の相互作用は、問いかけや説明、感情表現やうなずきなどに現れ､このような「主体的・対話的」関係が、これからの授業ではいっそう重要性を増していく。以下でその指導法の視点を考える。

① 授業を他者の視点から再構成する

「うなぎ説」（他なる自我）が示唆する、教師と子どもにとって共有する第三者的存在とは、物語（教材）そのもの、つまり物語の登場人物の行動や語りの他者性である。子どもが「作品・仲間・自己」を意識して授業に参加することは、何よりもまず、子どもたちが「じゃ、訊いてみようか」（村上）という他者をいつも傍らに意識して学習に取り組むことを意味する。学習する仲間はもちろんであるが、同時に物語（教材）も他者である。なぜなら、それは子どもの興味・関心を惹きつける「問い」をもち、子どもが問いかければ物語の語り手（話者）が応答をするからである。

② 教師の指導言の捉え直し

従来は、発問・助言・指示・説明・評価が定番の指導言とされてきたが、学ぶ仲間を意識化させる、関係への発言（関わり発言）をもっと重視すべきである。学習集団の授業論をリードしてきた吉本均氏は、授業での「接続詞でかかわりあう指導」を、子どもの主体的参加を育てるものとして重視した。その意味では「関わり発言」の源流といえる。しかし、「接続詞」のある授業は集団思考を主題とする方法論であるが、存在論として学習主体どうしが互いを他者として認め合い学び合う、相互承認の関係性の学習であることをもっと強調すべきであったと筆者は考えている。

③ 子どもが知と文化を遊ぶ授業づくり(4)

子どもたちが共同で創る文化としての授業は、「学びを遊ぶ」ように構成・加工して子どもの発達を支援するものである。ここでの「遊び」は、単に「楽しく過ごす」ことではない。それは、自前の学びと文化を発達させる場、個人と共同（協働）が様々に組み合わせられる場、多様な想像が交流されて共有するべき課題や認識が創り出され、おどろきや感動が自然に湧いてきて知的活動と情動が多様に結びつく場である。このような授業を通して、子どもたちは自由を体験し、こころを躍動させせられる。このことが一人ひとりの自立の鍵となるし、今後の成長過程を見通して言えば、かれらが精神的な自由権の主体に育っていく営みだといえる。

何よりも、安心して自分の見方・考え方・感じ方を他者のまえに出せることが大きな価値を持つ。それは、教材（作品）を追求してその知識や技法を学ぶだけではなく、「いま・ここに」こうして仲間と共にいる自分自身、この学びの遊び性を創りだしている自分たちのコモンの関係を学ぶ（わかる）ことにもなっている。これが「授業におけるアザーリング」の姿なのである。

④ 教材の他者性が生きる授業

物語教材は、他者性を持つ。すなわち、授業で向き合う物語教材から、自分たちとは別の話者あるいは主人公が語りかけてくる。その物語を「共に読む」ことは、物語のなかに描かれた人物たちの行動や思いと対話し、同時に、それを別の「読み」の主体（他者）と交流し、その感情・思考を知ることである。ここにも学習共同化・文化発達モデルを活かす要素がある。教師が物語の読解をわがものとしている前提で発問を出して子どもに「考えさせる」「言わせる」「聞かせる」のは、果たしてその教材の持つ他者性を活かしているといえるであろうか。自由な読み手である子どもに「あなたは『いま・ここで』どう生きているのか、これからどう生きていくのか」と問いかけてくる、その「物語という他者」と子どもは対話することができているであろうか。

筆者が研究公開のいきさつの中で関わった奈良教育大学附属小学校は国語科授業で、作品（教材）および仲間の他者性を重視してきた実践校である。同校第四五回研究会の国語科の実践報告で、「『読むことを通して、ことばの向こうの〈他者〉と出会う』文学の授業づくりを主張してきた」と述べている。その主旨はこうである。「ことばによって自身の『見方・考え方』を問い直し、つくり直し、更新する過程を『〈他者〉と出会う』という言葉で私たちは表した。（中略）（授業づくりにおいては―引用者）子どもたち（読者）にとって〈他者〉となりうるもの、自身の『見方・考え方』を揺さぶるものは何かを作品を通して追究していく必要がある」[5]

同校国語科研究でいう「ことばの向こうの〈他者〉と出会う」とは、冒頭の村上氏の言う「うなぎ」にあたるテーマをまさに教育実践レベルでとらえるものである。しかも、はっきりと授業におけるアザーリングを対象化している。

⑤「主体的・対話的」活動のつくりなおし

同校の実践例の一つである「川とノリオ」の感想文を見ると、「これを書いた人はどんな気持ちで書いたか」「今のノリオに川はどんな存在か」「なぜ、最後の文は『川は日の光を……』なのか」などと、子どもたちが「言葉の向こうの〈他者〉」を求めながら対話していることがわかる（内言をつかって作品を他者化している）。それがあるから授業での発言と交流が豊かに生まれたといえる。作者が工夫を凝らして視覚・聴覚・感覚でとらえた描写・表現を通して、読み手（子ども）は、その人物を「創り出す」（想像する）ことにいどんでいく。子どもたちが、ノリオ・母・じいちゃんをどのような人物として読むか、その人物形象を読みこむ中で子どもなりにどう描き換えようとするかに、自由な〈他者〉探求の姿がある。そこに授業のもつ「遊び」の性格があると考えたい。

5　おわりに

前述の中教審答申は、新型コロナウイルス感染症拡大のもとで「子供たちや各家庭の日常において学校がどれだけ大きな存在であったのかということが、改めて浮き彫りになった」という。そのうえで、学力格差の拡大、生活習慣の乱れに伴う心身の健康課題の深刻化、家庭における児童虐待の増加と共に「学校再開後の登校を躊躇する子供」もいたことに言及し、「学校は、全ての子供たちが安心して楽しく通える魅力ある環境であることや、これまで以上に福祉的な役割や子供たちの居場所としての機能を担うことが求められている」と述べている。「ケア」「機会の保障」「居場所」が、重要なキーワードになった。一方で答申は、AI機能を活用する「個別最適な学び」を推進し、PDCAサイクルで効率よく学力の達成を図るとしている。これら両次元のことは教育改革の中で矛盾している。「個別最適な学び」は今まで以上に自己責任型の学びを呼び込むし、日々の授業ではますますアザーリング機能が薄まり、壊されて行くからである。

同答申が指摘する「心のケア」は、子ども相互の関係性のケアなしには生まれない。その関係性は他者への配慮と友愛のアザーリングを育てることでしか豊かになっていかない。このように見てくると、アザーリングとケアは授業づくりの新たなテーマとなっている。

付記　本稿との関連で、奈良教育大学附属小学校の研究成果については、同校発行の『研究紀要』並びに『第四十六回研究会　子どものための授業づくり』（二〇二〇年二月）を参照されたい。

注

（1）村上春樹氏と研究者・翻訳家の柴田元幸氏との対談の再引用（抜粋）。「内田樹の研究室」サイトより。URL=http://blog.tatsuru.com/2004/04/12_1246.html

（2）私は「アザーリング」を次のように定義した。「アザーリングとは、自己意識が自分とは別の独立した存在である他者と向き合うことで今までの自己ではなくなり、すなわちそこに生じる否定の契機を介して自己自身を知り、自己意識として存在しつつも新たに他なる状態に移行することである」（折出『変革期の教育と弁証法』創風社、二〇〇一年、七〇頁）。

（3）Milton Mayeroff, *On Caring*, 1971, pp.1-3. 田村・向野訳『ケアの本質　生きることの意味』ゆみる出版、一九八七年、一三～一六頁。

（4）ロイス・ホルツマン、茂呂雄二訳『遊ぶヴィゴツキー』新曜社、二〇一四年を参考にした。

（5）奈良教育大学附属小学校『二〇一七・二〇一八年度研究紀要』（二〇一九年）七五頁（菱川一宏教諭）。

2　対話的学びを生み出す授業の構図

久田　敏彦（大阪青山大学）

学びの対話的で共同的な性格の追求は、何も今に始まったことではない。たとえば、学級集団づくりとの区別と関連のなかで（区別と関連のどちらを重視するかによって見解の違いはあったが）授業づくりを求めてきた学習集団研究がある。あるいは、対象世界・他者・自己との対話の三位一体を提起する「学びの共同体」論もある。ときの教育政策・状況に対峙してきたこれらは、少なからず教師の支持をえてきた。だが、今日では、対話的学びは「上から」提唱される新たなフェーズに入ってきた。対話的学びそのものに異論を差し挟むものは皆無にちがいないが、そこで提唱される内容には腑に落ちない点もある。ここでは、その問題点を越える方向で、対話的学びを生み出す授業の大まかな構図を描いてみたい。

1　新たなフェーズにおける対話的学びの難点

新局面での対話的な学びを演述するひとつは、周知の学習指導要領である。ナショナル・アイデンティティの形成を埋め込んだ、グローバルな知識経済社会を生き抜ける人材にふさわしい「資質・能力」を育成する方法として、「主体的・対話的で深い学び」が提唱されている。いまひとつは、Society5.0に向けた学びの構想である。現実空間の膨大なデータが仮想空間にビッグデータとして集積され、人工知能によるそれの解析結果が現実空間の人間にフィードバックされる社会として描かれるSociety5.0（第5期科学技術基本計画）に向けて「対話する力」、「協働学習」、「学び合い」も必要とされている。深みと対話のない多くのオンライン授業や対面すれど対話のない授業などの問題もあるが、政策レベルでみれば、少なくともこの二つは注目されて然るべきである。だが、そこにはいくつかの難点も見受けられる。

学習指導要領に目を向ければ、対話的学びは「子供同士の協働、教職員や地域の人との対話、先哲の考え方を手掛かりに考えること等を通じ、自己の考えを広げ深める『対話的学び』[1]」と解説されている。対話相手の広がりと「考えを広げ深める」機能は認められるものの、これでは、そもそも当の対話的学びとはいったい何かが判然としない。加えて、単元構成のなかでのそれの場面限定という問題も重なる。改訂を方向づけた「答申」が「主体的」「対話的」「深い」といった視点は学びの過程として一体であるとする反面で、それぞれは固有であるともいい、この後者を受けて要領段階では「単元や題材など内容や時間のまとまりを見通して、……対話によって自分の考えなどを広げたり深めたりする場面をどこに設定するか、……といった観点で授業改善を進める[2]」と説明されている。実践的には場面を設定した方が取り組みやすい面はあるかもしれない。だが、場面限定という提唱は、かえって学びの対話的性格の縮減を自ら招くという自己撞着に陥らざるをえないのである。

一方、Society5.0に向けた学びの構想[3]に目を転ずれば、「公正に個別最適化された学び」の強調の下に、一斉一律の授業スタイルではなく、子どもの学習履歴や学習評価・学習到達度（スタディ・ログ）のＡＩによる分析に基づいて、個別学習計画やコンテンツの提示、個に応じた支援、学習者と学習の場のマッチングなどによる「個人の進度や能力、関心に応じた学び」が構想されている。ところが、その反面、「共通して求められる力」の一つとして「文章や情報を正確に読み解き、対話する力」も位置づけられている。修得主義を基本として履修主義を組み合わせようとする「令和の日本型学校教育」につながるこの構想をみる限り、対話が何をさすのかは、その位置づけを含めて、ここでも判然としない。そればかりか、スタディ・ログに応じた「異年齢・異学年集団での協働学習」[4]も強調されている。しかも、別のところでは「個々の認知特性や理解度に適した最適な学びを選び、成績や意欲の向上、学び合いの広がりを実現する」とも構想されている。したがって、そこでの「協働学習」や「学び合い」とは、デジタル記録された個別学習計画に縛られつつ、学習の内容や到達度やペースなどが多様であっても、わからない場合は他者に聞く、わかっている者は教えるといった程度のかかわりに過ぎないことが推量される。実際、そうした提起もある。(5) そうだとすれば、この種の「協働学習」や「学び合い」の拡散・肥大化が逆に対話の浸蝕を招くという皮肉な事態を危惧せざるをえなくなるのである。

対話的学びは、ある場面に限定されてよいわけでも、また、聞く・教えるというかかわりに希釈されてよいわけでもない。ただし、対話的学びの内実の不透明さは、かえってその自由な追究を幸いにも保障していると受けとめておくことはできるだろう。

2　対話の特質と授業構想の転回

授業は、対象やテーマを媒介にした教師と子ども・子ども相互の対話の過程であり、対話を介して対象やテーマに迫る過程である。

では、そのさいの対話とは何であり、どのような特質があるのだろうか。表面上は話し合いのように装っても、相手を論破してやるといったような場合や、それ程までではないにしても、自分の意見は変えないという態度で相手と話し合うというような場合は、対話とはいえない。いずれも一方向だからである。したがって、双方向のようにみえる自己主張のし合いも、じつは一方向の重なりにしかすぎないし、逆に相手の意見をひたすら傾聴して、もっぱら受容するだけの場合も、やはり一方向である。(6) かといって、単なる情報の交換や和気藹々とした雰囲気のなかでの「わかり合い」も、双方向のようにみえるが、対話とはいえない。というのは、合意形成という観点が欠けているからである。この点は、右の一方向の例にも通底している。裏を返せば、語り合うなかで合意が形成される過程に対話の何よりの特質があるといえる。もちろん、そのためには対話者の対等性・平等性をふまえた対話の規範やルールの相互承認も求められる。そして、そうした対話が自己内対話を促すのである。

とはいえ、この対話理解にも陥りやすい落とし穴がある。ひとつは、合意形成にかかわってである。もともと合意が求められるのは対話者の間に異なった意見や立場があるからだが、にもかかわらず合意形成に収斂させると差異が最終的には解消され、同一性に回収されかねないという問題である。いまひとつは、自己内対話の成立にかかわってである。木とも対話できるといわれたこともあるが、せいぜい自分ともう一人の同質の自分との対話に留まる限り、自己内対話とはいえ、それはいまだモノローグの閾を超えるものではない。上述のような対話とはいえない場合でも、この種の自己内対話であれば、可能なのである。つまり、対話は自己内対話を促すが、自己内対話を促すからといってすべてが対話となるわけではない。「対話は、言語ゲームを共有しない者との間にのみある」[7]のであれば、自己内対話もまた、少なくとも私の声と私とは異質な声とが、私のなかでその都度顕在化し、ときにぶつかりながら、紡がれていく過程である。そして、そうであってはじめて、認識や思考が深まるのである。

ところで、以上の対話の特質は、授業においても基本的に妥当する。もっとも、そう捉えると、対話一般と授業におけるそれとを混同すべきではないという批判も生ずるにちがいない。だが、両者を区別することは、かえって対話的学びに制限を加えることになりやすい。授業におけるという限定をつけることで、客観的真理の主体的真実化をめざす過程で子どもの対話的な学びを呼び起こし方向づける授業がしばしば展開されることがあるが、周到に用意した目標・内容とその達成・獲得の過程に向けて教師が対話を指導するという構図では、逆に対話の特質が損なわれ、授業像も所与の前提として等閑視されかねないからである。文字通り対話を重視するのであれば、教師の掌の内にある括弧に入れられた対話にとどまらず、みたような対話の特質から可能な限り授業をつくり直してみることにまで遡らないわけにはいかないのである。

3　対話的教えを介した対話的学びの成立

対話的学びをペアやグループなどの外形的な形態や方法に帰着させるべきではない、と異口同音に指摘される。この指摘は、活動主義や方法主義に堕すことへの肯ける警鐘である。その誤りを越えるためには、やはり対話的学びにおける内容が何よりも問われる。言語行為の特質からみてもそうである。ラング（言語）とパロール（言）を切り離してラングを対象とするのではなく、言語の遂行的側面を検討する言語行為論では、「話すとは、話者が何かについて、何事かを、誰かに向かって言う」（リクール）ことに言語行為の根本構造があるといわれる。[8]「誰かに向かって言う」だけではなく、「何かについて」は欠かせないのである。対話的学びでは課題提示が何より重要であるとよく強調される所以である。たとえば、「主体的学び」「深い学び」とならんで「対話的学び」の実践ポイントをまとめたハンドブックでは、いの一番に「共に考えを創り上げる」さいのポイントとして「価値や意義のある課題の提示」が挙げられている。しかも、「複数の視点や根拠をもとに思考・判断・表現できる課題」とも記されている。[9]これは、対話内容の指導としての課題提示という要点が広く認知されていることの一例である。

価値や意義があり、かつ多様な意見や考えを導く課題の提示は、たしかに授業にとって基本といってよいかもしれない。だが、課題をつくるのは誰かがさらに問われる必要がある。たとえ多様な意見や考えが引き出される課題であっても、提示するのがいつも教師であるならば、じつは対話的とはいえないからである。課題も子どもたちとの合意の下で修正・変更・組み替えられる回路が保障されなければならない。[10]そのためには、まずは師問児答から始めるという段階論に固執せずに、子どもの問いを重視するという道筋が用意されてよい。子どもが最初から問えるのであれば授業をする必要はないともいわれるが、子どもには問う能力と権利があるし、その問いはさほど浅薄というわけではなく、本質に迫る場合があることは見過ごされてはならないのである。

たとえば、事実ではない神話を教育することが史実となっていく過程を実証した研究では、戦前の国定教科書時代の授業にかかわって、大変興味ある事例が紹介されている。「神話史の取り扱い」で、「人間が天に居ることはできないと思ひます……雲の上なんどに居たらすぐおちてしまひます」「雲の上の方は空気がうすいですから呼吸ができませんすぐ死んでしまひます」といった史実性への疑問に対して、教師は「はっきりしてゐない……しかとわからぬ」と曖昧な対応をすることが構想されていたようである。あるいは、国史の時間で「天孫降臨」の掛図をみて、「先生そんなのうそだっぺ」と問う子どもがいたが、職員室に呼ばれて木刀で頭を強打されたともいわれる。[11]中島三千男による書評でも紹介されている事例だが、これらは、子どもは真理や真実に向かって問うことのできる存在であることを教える事例である。その問いに対して曖昧にしたり、果ては暴力をふるって封じ込める対応は、子どもから学びの意欲と権利を奪い、諦念しかもたらさない事例でもある。今日では、子どもの問いを暴力で封じ込めるようなことは皆無だろうが、曖昧にしたり、巧みに躱すことはある。だが、そこに対話的学びが存在しているとはいえない。たしかに、自己の生活世界ならびにそこで身につけた知識・認識やものの見方・考え方をベースにした子どもの問いは、多様であり、ときに浅薄となる場合もある。だからこそ、その問いを他者に晒し対話を通して互いに紡ぎ合うことが、その浅さの気づきにつながり、複数の課題を共同で選択する契機となる。たとえば、「石うすの歌」を教材とした授業研究に参加したかつての経験を挙げれば、その授業は、一読後に子どもたちが疑問や学んでみたい課題を出し合い、「そのことだったら、この文章を読めばこう書いてあるから」といったような話し合いのなかで、次第に問いが精選され、「この作品の主人公は誰か」などをはじめとした複数の課題がつくりだされ、その課題から逆に作品を詳しく読むといった授業であった。いわゆる三読法にこだわらず、課題追究のなかで確かめ読みも組み入れるというチャレンジ的な授業である。誤読や読みの相対主義は避ける必要はあるが、「深い学び」は誰にとっての深さなのかをあわせて考えさせてくれる授業でもある。

「読み」の授業研究会に即して敷衍すれば、子どもの問いをベースにした複数課題の立ち上げは、「吟味読み」を機能として意識的に追求することと重なる。読み手はいつも「わたし」から読まざるをえず、「『その部分の形象（イメージ）を読む』『前後・全体のつながりを考えながら読む』『共感・違和感をもつ』という三つの要素が、実際にはあまり意識されることなく読者の中で（比較的同時に）現象している」[12]のであれば、子どもの問いの重視は、「吟味よみ」を深め読みの第三読としてだけではなく、「構造読み」や「形象読み」でも働かせて「深い学び」を求める契機となるにちがいない[13]。

もとより、教師による課題提示にとどまらずに子どもの問いから複数課題を立ち上げる対話を展開するためには、予想外の課題の顕現をも受け入れることのできる教師の教材解釈の広さと深さがいっそう問われることになる。

一方、再び言語行為の根本構造に戻って、「何かについて」だけではなく、「誰かに向かって言う」に着目すれば、他者との関係性も当然問われる。対話にとって不可欠な他者との関係性は、何よりも安心して自分の意見や感情を誠実に他者に語れる関係性である。学校の制度文化の体現者である教師がその殻を破って自分の欠点や弱さや失敗を生身の人間として子どもに語る、子どもの行為の裏に隠された願いを共感的に受けとめる、「しゃべり場」で子どもと自由に雑談する、暮らしと自己を綴る日記などに赤ペンを入れて子どもとつながる、班ノートで思いを綴り合う、作文をクラスで読み合うなどの授業内外での多くの日常的な取り組みは、語り合える関係の構築という点で通底している。子どもが語れるのは、そうした関係性があるからこそなのであって、その逆ではないのである。

さらに対話に不可欠な他者との関係性は、対話の規範やルールにも具体化される。ただし、教師が子どもにそれを巧みにあてがうのでは、これもまた対話的とはいえない。たとえば、「……と思います」「でも、しかし」「その理由は」などの、かつての発言形式への先祖返りのような「話型」の提示は、対話的学びのためといっても、それ自体が対話の対象とはなっていないのである。かといって、「話型」を合意すれば十分というわけにもいかない。「話型」の合意によって子どもは逆に自由に発言しやすくなるし、話し合いも深まりやすくなる面はあるにしても、同時に一律を合意することで自らを呪縛しかねないからである。「話型」の範囲内での自由よりはむしろ、対話への参加のし方の多様性をルールとして相互承認すること、そのなかで意見表明の自由と権利を保障する規範を合意することこそが求められよう。これは「何かについて」という局面と重なる。ただ、それは、ことの真偽に関してというよりはむしろ、適切か不適切かにかかわる「何かについて」という局面である。

問いから複数の課題を合意するにせよ、対話にふさわしい規範やルールをつくるにせよ、そこに貫かれるのは、子どもは「何事か」を語る、学びと授業の当事者という視点である。一方の当事者である教師の教えは、子どもと自己自身に対していつも開かれて応答しながら、学びと授業を子どもとともにつくることに「誘い」、そのことを「伝え」る行為となる。したがって、教師は子どもと同じ学び手であるとか、教師中心から学習者中心へ転換すべきであると主張しているのではない。対話的学びは、この意味での対話的教えを介して成立するのである。

注

（1）文部科学省『小（中）学校学習指導要領（平成29年告示）解説　総則編』、七七頁。中学校は七八頁。
（2）右に同じ。
（3）Society5.0に向けた人材育成に係る大臣懇談会／新たな時代を豊かに生きる力の育成に関する省内タスクフォース「Society5.0に向けた人材育成～社会が変わる、学びが変わる」、二〇一八年。以下は、七‐八頁。
（4）「『未来の教室』ビジョン」（経済産業省「未来の教室」とEdTech研究会第2次提言（概要））二〇一九年。
（5）西川純『個別最適化の教育』学陽書房、二〇一九年。
（6）島崎隆『思想のシビルミニマム』大月書店、一九九一年、一五六‐一五七頁参照。
（7）柄谷行人『探究Ⅰ』講談社学術文庫、一九九四年、一二頁。
（8）野家啓一『言語行為の現象学』勁草書房、二〇〇二年、一二頁。
（9）新潟県立教育センター「主体的・対話的で深い学びの推進」プロジェクト『主体的・対話的で深い学び実践ハンドブック』、二〇一八年、五‐八頁。（https://www.nipec.nein.ed.jp/project/kaizen/handbook2.pdf [2020.5.15 閲覧]）
（10）授業の共同創造の局面として、「学習活動の共同決定」「自由な仮説設定」とならんで「教科内容・教材の共同決定」が挙げられ、授業の進行に対応した課題の共同決定の意義がすでに指摘されている（子安潤『「学び」の学校』ミネルヴァ書房、一九九九年、六七‐六九頁）。
（11）古川隆久『建国神話の社会史』中央公論新社、二〇二〇年、四三‐四四頁、二二六頁。
（12）阿部昇『国語力をつける物語・小説の「読み」の授業―PISA読解力を超えるあたらしい授業の提案』明治図書、二〇一五年、二二頁。
（13）詳しくは、久田敏彦「新たな啓蒙の探究と『主体的・対話的で深い学び』の構想」「読み」の授業研究会『研究紀要17』、二〇一八年を参照されたい。

3 対話・討論のトレンドの課題

子安 潤(中部大学)

1 流行の授業実践を探る

教育実践には流行がいつもつくり出され、流行には恣意的な意図が織り込まれてきた。悲しいことにその流行に振り回されてしまう学校と教師もいた。国語教育は多くの流派が林立する教科だが、それぞれの多くは、時代ごとの流行に感染してきた。

しかしながら、時に流行に抗って、読むとは何かを問い、文学体験に迫る実践あるいは自己と社会を語り綴る実践を生み出してきた。これらの経験と現実に学ぶならば、一時的な流行と本物の実践を見分け、個々の教師こそが自分の目で自分の担当する子どもたちの応答に即して次の実践をつくりだしていかなければならない。

そのためには、矛盾するようだが今の動向を見据えておく必要がある。違いを意識してこそ意味ある実践が生まれる。そのために学校の中だけ、周辺の学校だけを見るのではなく、外の世界を見ておく必要がある。授業における対話・コミュニケーションの問題を考える時にも同様である。一昔前なら国語教育の大家とその実践校さえ見ておけばよかった。今は違う。

情報の伝わり方、情報の発信源と流行の制御の仕方が変化した。今も、ローカルな授業方式が息づいているところがある。しかし、格段に影響力を低下させている。

代わって実質的に大きな影響力を持つようになっているのは、文科省の「研究開発学校」と国立教育政策研究所の「教育課程研究指定校」である。実質的影響力では群を抜いている。流行の後追いをするグループもある。ネットを介して流行の形を戯画化・単純化させたものもある。本流の先端を探るためには、指定校の動向をまず見る必要がある。指定校は以前からの制度だが、最近の実践動向を探るには欠かせない存在となっている。他に、一部の国立大学の附属学校も人を集めているが、学校単位での影響力の大きさは「指定校」にある。

「研究開発学校」は、次の学習指導要領を準備する役割を担わされているために、現行の枠組みに囚われない内容と実践となることがある。だから、次の改訂の大枠が論議される時期には注目が集まることがある。

他方、「教育課程研究指定校」は、学習指導要領の枠組みに沿って実践的な試みをすることと位置づけられている。だから、学習指導要領が新しく告示された直後の時期から全面実施され始めの頃がもっとも影響力を持つ。新学習指導要領がどんな実践をイメージしているのかを具体的に示している可能性が高いからである。こうした事情から注目しておくべきなのである。

今は、新学習指導要領が完全実施され始めた時期に当たる。したがって、今まず見ておくべきは、国立教育政策研究所の「教育課程研究指定校」の動向である。少なくともそこに一瞥を与えておく必要がある。

念のために申し添えるが、それらが良いとか悪いとか言っているのではない。影響力を強く持っている中で、それらに一瞥を与えつつ、本来の対話やコミュニケーションについての考察や実践の有り様を考える素材の一つにするためである。

2　国語教育のトレンド

学習指導要領に「則した」国立教育政策研究所の指定校として、二〇二〇年現在、幼稚園・小学校・中学校・高校が１１２校選定されている。[1] 国語で指定を受けているのは８校である。他に「実践研究協力校」というのもあるが、ここでは指定校を見ていこう。

各指定校の報告書の類いから本稿の課題との関連で共通性の高い特徴を取り出すと、一つは「思考力・判断力・表現力」が「資質・能力」の中でも強調されていることである。これは、育てるべき力の中心を示している。二つは、自分の考えを形成し、それを他者とやり取りする対話・討論する実践構想が並ぶ。三つは、それらの力をどう評価するかを研究課題に設定していることである。これらは、国語に限らず、新学習指導要領の強調点に沿った動向とされ、国語の検討の中心もそこに方向付けられていることがわかる。

さらに具体的にこれらの学校の実践的な取り組み方を見ると、国語教育のトレンドが見えてくる。

まず、国語科でも問題解決学習のプロセスをおおまかに辿らせようとしていることがわかる。高校は全体として「探究」をキーワードにすることが多いが、小中学校は低学年ほど問題解決学習的ニュアンスが前に出る。

問題解決学習というだけなら一般的共通性にすぎないが、そのための取り組み方に国語科的な姿が「指定校」の資料類から見えてくる。

本稿の課題との関係で目につくのは、「自分の考えを形成する」という観点から、どうすると子どもたちに「自分の考え」を持たせることができるのかと研究課題を立てたり、問題を「つかむ」ことを打ち出していることである。これが入り口のテーマ設定である。これに続けて、表現は学校によって微妙に異なるが、「ふかめる」さらに「いかす」等と授業の進行過程のモデルを提示する指定校が目につく。結局「つかむ」「ふかめる」「いかす」の進行過程なのである。これを一連の流れに位置づけると、いわゆる問題解決学習の細部を省略して、大枠で示したものだということがわかる。

そして、その具体的な取り組み方も類似していることがわかる。例えば、指定校の岩手県の八幡平市立松野小学校の場合は、「考えの視覚化」を打ち出している。実際には教材から見つけた情報を抜き出して表にする活動を織り込むのである。これが、問題をつかむ実践的手立てとして前に出されている。(2)

問題解決学習と「考えの視覚化」は、小学校に限らない。同じく指定校の埼玉大学附属中学校でも、根拠の明確さを視覚化させる手段として「考えを形成する過程をワークシートに記録させる」としている。(3) いわゆる「思考の可視化」が一つのトレンドとなっていることがわかる。自分の考えを持つというだけなら、古くから教師が行ってきたことだが、問題解決学習に位置づけて、思考の外化を狙っている点がトレンドとなっていることがはっきりしてくる。

そのために、実用的な雰囲気のする教材や課題が多く提出され、賛否がわかりやすいものが多い。同じく埼玉大学附属中の研究報告によれば、「生徒自身が実社会や実生活とのつながりを感じられるような、具体的な文脈や状況を盛り込んだ言語活動を設定し、実践を通してその在り方を考察」させるとし、商品に関する複数の情報源を比較して最適な品物を選ぶことや、古典の一節を引用して1分間自己PRをするといった課題が提出されている。ここには、子どもの生活に身近だと想定される事例を選んでいること、さらにその取り組み方についてもメディア・リテラシーと呼ばれる領域の初歩的な手法を持ち出していることがわかる。さらに、企業人的な自己主張をする人間像が織り込まれていることもわかる。

再度整理すると、今の国語科教育のトレンドは、第一に、「生きて働く国語」という方針を引き取って、課題そのものを社会生活の中でありそうな事柄を教材や授業の課題に取り込もうとしていることである。

第二に、授業の過程の点では、小中学校を中心に問題解決過程を辿る構成が大枠に採用されている。

第三に、その際の対話・討論においては、教材の中に「根拠」を探し、「根拠」のある対話や発言を強く要求していることがわかる。そのための手立てとして、根拠の明確さについて視覚で確認できるようにすることを推奨し、シンキング・ツールを利用することが広がっている。こうすると、考えと根拠の整合性に着目した話し合いが増加すると成果を報告する学校もある。

第二と第三の動向は、背景にジェネリック・スキルが意識されていることがわかる。すなわち一般的な問題解決過程を授業の過程として辿れば他の問題も解けるはずだと期待していることがわかる。その際、もう一つのジェネリック・スキルである説得的討論の一般型を念頭に置いていることもわかる。

なお、高校は、各教科とも問題解決学習というよりは探究学習に傾斜するが、実生活に役立つ国語教育に比重を置く動向は小中と同じである。この実生活重視については、文学関連の16学会による声明が出されているように、「『論理』『実用』と『文学』とを対立概念として捉えることは元来不可能である」とする強い批判がある。[4]

3 ジェネリック・スキルの硬直化と対話

指定校は、問題解決過程を、問題を把握し、それを検討し、結論するという3段階で示していた。だが、問題解決過程として世界的に有名なのは、ジョン・デューイの5段階とするものである。百年以上前に刊行されたデューイの『民主主義と教育』では、人間の思考における問題解決過程を次のように定式化していた。(5)

「(i)中略、不完全な状況に巻き込まれるという事実から起きる当惑、混乱、疑惑。(ii)推測的な予想―特定の結果をもたらす傾向をその要素に帰属させるような、所与の要素の試験的解釈。(iii)当面の問題を規定し、明確にする、入手できる全ての考察の注意深い調査(試験、検査、探究、分析)。(iv)試験的仮説はさらに広い範囲の事実と一致するのであるから、その仮説をより正確にし、より整合的にするために、それを結果から精緻にすること。(v)事柄の現存する状態に適応される、行動の計画として考案される仮説という立場に立つこと、予想される結果をもたらすよう何かを実際に行い、それによって仮説を検証すること。」

第1段階は、問題状況の中で当惑すること。第2段階は、不確かな推測的予想を立てること。第3段階は、問題状況のデータを集めて探索と分析をすること。第4段階は、さらに広範囲な事実と一致する仮説を設定して精密化すること。第5段階は、予測を実際に行ってみて仮説の検証をすることとしていた。

この5段階論はあまりに有名で、これを元にして授業の過程とする問題解決学習論が何人もから提案されてきた。だが、この五つのステップは、実証データを一つ一つ分析して引き出したものではなく、デューイの卓越した考察によって定式化したものである。だから他方で、実際の科学的発見の過程に関する研究や問題解決の認知心理学的実験研究が積み上げられ、問題解決過程に関する研究が行われてきている。それらの成果と、よく知られた問題解決過程とではズレが生じる。この点は、実践上の困難とも関連がある。そのことを次に見ておく。

国語教育のトレンドははっきりしたが、教育実践は簡単ではない。困難も浮上しつつある。

一つは、子どもが当惑してくれる「問題」をつくる困難である。これこそ教師の授業づくりのやりがいであるが、興味を持って「なんでだろう」という状況に子どもたちが陥る教材づくり・課題づくりの困難である。

二つは、当惑から仮説が浮上してこなければならないが、みんながみんな思いつくわけではないため、どのような指導が必要となるかという課題である。そのために「考えの視覚化」によって考える糸口を明示しようとしているわけだが、視覚化は思考を拘束する場合がある。

三つは、問題解決過程の一般化すなわちジェネリック・スキルとして定式化しようとしているが、他のテーマの問題にも有効に機能するのかという疑いがある。思考過程を振り返るためのシートの作成は、ジェネリック・スキルの意識化を意図していると考えられるが、はたして有効に機能するかは不確かである。

これら三つの課題は、対話や討論と深い関わりがある。追究してみたい問題・テーマの設定かどうかで、対話や討論が左右されるからである。「考えの視覚化」は思考を方向付ける機能があるが、意見を枠付ければ討論は多様性を失い、定型化する危険をはらむ。ジェネリック・スキルにも期待が大きいが、どの程度意味があるのか疑問の余地がある。これらの問題を次節で検討する。

4　対話・討論の三つの要件

(1)　テーマの切実さ

まず、対話・討論には言うまでもなくテーマが重要だ。今は、「実社会や実生活」とのつながりが強調されている。たしかに、役立つことや必要度が高いことは、考えてみたくなる要因の一つと考えられる。だが、そこには重要度や深刻さに違いがある。ここがポイントだ。

指定校の実践では商品情報の考察が取り上げられていたわけだが、どんな重要な問題をはらんだ商品かが問われねば、関心を引くとは限らない。子どもたちにとって重要と考えられる事柄でなければ、その価値はない。この点で無難な事例が選ばれる傾向があるが、無難なテーマ（商品）より社会的に論争となっているリアリティのあるテーマが選ばれなければ、意義ある対話・討論にはならない。この眼差しからすると、文学を生活と関連付けようと自己ＰＲを作成する実践は、中学生のリアルには距離がある。今なら感染症関連こそふさわしい。

恣意的にうわべだけ実社会とつなげるよりも、文章そのものに内在する意味を読み尽くす観点から、意外な意味を探り当てる問いの方がずっと価値があることも少なくない。これは、国語教育が長く追求してきたアプローチである。目先の実用的価値よりも問うに値する世界がそこにみえてくる問いかどうかこそ重要なのである。

(2) 問題解決過程の位置づけ

次に、仮説をどう生み出すかという問題を取り上げる。「考えの視覚化」が広がりをみせているのは、評価の便宜という裏の目的と共に、すべての子どもに対話・討論への参加を促し、何らかの仮説を持って欲しいという願いからである。だが、この取り組みは、考える方向を強く誘導する危険と隣り合わせである。たしかに、意見の対立の構造を整理する場合などに有効な時もある。しかし、いつもタブレットアプリを使って視覚化し、定型のシートを用いるなどとしてしまうと、討論の豊かさを奪うこともあるという自覚が必要である。教育の画一化が進行している二一世紀であれば、それこそが柔軟な思考を阻害する可能性のあることを知っておく必要がある。

「考えの視覚化」で仮説を生み、次にデータ収集と分析へと続くのが問題解決過程であった。この進行過程もジェネリック・スキルと見なされているわけだが、限界を知っておく必要がある。限界の一つは、このジェネリックスキルが思考力・判断力・表現力を育てると信じられているが、創造的な思考はむしろ定型的パターンを打ち破る所に働くということである。定型化されたパターンはむしろ制約となり、問題解決にいたらない。認知科学の阿部慶賀は、創造的思考に関する諸説を検討した中で次のように指摘している。「制約は本来、私たちが余計なことに頭を悩ませることがないように有効に働くものであるはずだが、創造的な問題解決過程ではこれがひらめきを阻む要因となりうる」(6)。これに対して、創造的思考は、体験や外部環境、他者の視点などが影響するのであり、試行錯誤を通じた初期の制約の解消こそがカギだと述べている。このように考えるとすれば、ジェネリック・スキルの絶対化こそ制約となってしまう。むしろ、それを疑う活動を励ますことが重要と言えよう。初期的な予測から関連するデータをたくさん集めて仮説を設定することが妥当な場合もあるが、現実の問題は必ずしもそうは簡単に解き明かされない。

そこで教師にとって重要なことは、教科内容・教材に関する知見を深めることである。子どもの常識・大人の常識を揺さぶるのは事実である。調べた事実を単に教え込むためではなくて、考えどころを探す目的で事実に関する知見を深めることこそが定型化を打ち破る。

（3）対話・討論の形を破る

ジェネリック・スキルの意図的教育としてもう一つ持ち出されるのが、対話・討論の技法である。特に討論の際に、主張とデータと論拠をあげて話すというトゥールミン・モデルである。意見交換を行う際に、考えるべき枠組みを持っていることには有効性がある。揚げ足取り的ディベートがコミュニケーション嫌いを生んでいることとははっきりしている。そうではなくてデータのある話か、妥当な論理を用いているか等と考える手がかりとしての意味はある。しかし、ここでも有効性は限定的に位置づける必要がある。というのは、枠組みだけでは無力だからである。討論テーマに関する知識を当事者と関わってどれほど持っているかこそ、決定的だからである。単に、「事実が示されてない」「論理に飛躍がある」と批判しても内容の浅い理解では「巧言令色」に過ぎない。討論テーマの当事者を意識したコミュニケーションをつくり出すことが授業の定型化、討論の形骸化を打ち破る重要ポイントとなる。主張する子どもの背景を汲み取った討論の進行と評価こそ大事にされる必要が、また教育実践の進展に感染症の沈静化も必須である。

そして今、協働学習的取組と並んで「個別最適な学び」のスローガンの台頭によって、個別化教育がタブレットPCと共に散りばめられはじめた。これに振り回されない国語教育実践こそ課題であり、子どもを育てる。

注

（1）指定校の一覧は下記サイト参照。https://www.nier.go.jp/kaihatsu/pdf/shiteiko-tokuchou.pdf

（2）八幡平市HP「八幡平市立松野小学校─校内研究」（https://www.city.hachimantai.lg.jp/site/matsu-no-sho/8261.html［2021.06.30 閲覧］）

（3）埼玉大学教育学部附属中学校HP「教育研究／指導案」「令和2年度研究成果中間報告書」（http://www.jhs.saitama-u.ac.jp/kenkyu/pdf-shidouan/r02do_houkoku_kokugo.pdf［2021.06.30 閲覧］）

（4）古代文学会他全部で一六学会が連名で「『高等学校国語・新学習指導要領』に関する見解」という文書を二〇一九年に発出している。

（5）ジョン・デューイ『デューイ＝ミード著作集9 民主主義と教育』人間の科学社、二〇〇〇年、二〇三頁。

（6）阿部慶賀『越境する認知科学2 創造性はどこから来るか』共立出版、二〇一九年、一九頁。

4　授業における対話の行方
――「主体的・対話的で深い学び」と「個別最適な学び」をどうつなぐか

石井　英真（京都大学）

1　改革に踊り、揺れる「授業」

アクティブ・ラーニングや主体的・対話的で深い学びの重視のように、「教えること」から「学び」へ（教師主導から学習者主体へ）、「一斉授業」から「学び合い」へといったスローガンで授業の改革が叫ばれてきた。さらにコロナ禍を経て、オンライン化や一人一台端末が整備されるに伴って、全員が同じ内容を同じペースで同じ場所で学ぶ必要もなく、教室や学校や授業を経由せずに子どもたち一人ひとりが自由に学ぶようになればよいのではないかという考え方も広がりつつある。そこから、「授業」から「学び」へ（学校から「合校」（学校に限らないさまざまな学びの場のネットワーク）へ）、「個別最適な学び」へといった言葉も聞かれるようになった。

こうした二項対立図式の中で、授業観が揺れている。しかし、一見もっともらしい改革の呼び声の裏で、手法主義が進んではいないか。アクティブ・ラーニングがブームの様相を帯びた頃には、様々な○○メソッドが流行し、オンライン学習やICT活用において授業の工夫というとき、○○アプリを使いこなすことに視野が限定されてはいないか。その一方で、学ぶ材の検討や内容論や子どもたちへの教師の願いが空洞化してはいないだろうか。

コロナ禍でグループ学習を手控えがちなこともあり、また、臨時休校になる可能性も考慮して授業を進めることに意識が向きがちなこともあって、対話を通して深めることが二の次になっているかもしれない。さらに、二〇二一年一月二六日、中央教育審議会答申「『令和の日本型学校教育』の構築を目指して」（以下、「令和の日本型学校教育」）がとりまとめられた。その副題は、「全ての子供たちの可能性を引き出す、個別最適な学びと、協働的な学びの実現」となっており、これまでの実践とＩＣＴとの最適な組み合わせの必要性も示されている。ＩＣＴ活用は、教室内外で対話や協働の新たな形を生み出す可能性も持っているが、一人一人に応じることが短絡的に理解されると、学びの孤立化と検定試験的で機械的な教科学習に陥ることが危惧される。

この小論では、授業における対話、さらに言えば、学校で行われる「授業」という営み自体のあり方や存在価値が問われている中で、対話を伴った授業の意味やそのあり方について述べたい。特に、授業における対話の意味を重視する新学習指導要領の「主体的・対話的で深い学び」という授業像と、「個別最適な学び」を主たるキーワードとする「令和の日本型学校教育」が提起する学びの方向性との関係を整理する。

2 「Society5.0」に対応する学校と学びの構想

一人一台端末の整備も進み、デジタル環境やオンライン空間を前提とする新たな学校や学びのあり方を導くキーワードとして、「個別最適な学び」という言葉が注目を集めている。しかし、「個別最適な学び」という言葉の意味は自明ではない。「個別」という言葉は、一人一人の個別のニーズに応じる志向性を表現し、「最適」という言葉は、本人が望んでいるもの（本人に真に必要なものとは限らない）と効率的に出会えるようにする志向性を表現している。そうした「個別最適」という発想は、生活のあらゆる場面で際限なく蓄積されたデータを統計的に処理することで可能になるレコメンド機能やマッチング機能によって具体化しうるものである。ネット通販サービスのように、自動的に学習を導いてくれると考え、ＡＩドリルなどが注目されることには一定の合理性がある。

一方で、「個別最適な学び」という言葉には、ＡＩドリルに矮小化されない広がりが期待されている。もともと「個別最適化された学び」と言われていたものが、「個別最適な学び」と言い換えられたのは、ＡＩの活用によって、受け身の学びに陥るのではなく、子どもたち自身が主体的に学びたいものを学び続けていくという意味を持たせるためである。ここに至って、「個別最適な学び」という言葉は、一斉一律の教育を脱すること、個性尊重、自ら学び続ける力の育成といった形でその輪郭はあいまいになっている。さらにそれは、一九九〇年代に、個性尊重を掲げ、知識・技能よりも関心・意欲・態度や自己教育力の育成を強調した「新しい学力観」を思い起こさせる。

「個別最適化された学び」というキーワードをはじめ、「令和の日本型学校教育」に示されているような一斉一律からの脱却、EdTech の活用などの方向性は、Society5.0 に向けた人材育成に係る大臣懇談会『Society5.0 に向けた人材育成～社会が変わる、学びが変わる～』(二〇一八年六月五日)(以下、「Society 5.0 に向けた人材育成」)に見出すことができる。

二〇一六年一月にスイス・ダボスで開催された第46回世界経済フォーラムの年次総会(ダボス会議)において、AIやロボット技術などを軸とする「第四次産業革命」が主題化された。これを受けて、日本政府が打ち出したのが、「Society 5.0」(サイバー空間(仮想空間)とフィジカル空間(現実空間)を高度に融合させたシステムにより、経済発展と社会的課題の解決を両立する、人間中心の社会)というアイディアである。そして、「Society 5.0 に向けた人材育成」では、Society3.0(工業社会)、Society4.0(情報社会)、Society 5.0(超スマート社会)という社会の変化と対応させて、学校 ver.1.0(「勉強」の時代)、学校 ver.2.0(「学習」の時代)、学校 ver.3.0(「学び」の時代)という学校像の変化が図式化されている。

そこでは、「主体的・対話的で深い学び」は、日本の学校教育の蓄積を生かしつつ、能動的な学び手(アクティブ・ラーナー)を育成するものとされている。そして、工業社会に対応する「勉強」の時代を超えて、情報社会、さらには超スマート社会へと導いていく「学習」の時代に位置づけられている(脱「勉強」)。

超スマート社会に対応する「学び」の時代においては、「教育用 AIが発達し普及していくことにより、AIが個人のスタディ・ログ(学習履歴、学習評価・学習到達度など)や健康状況等の情報を把握・分析し、一人一人に対応した学習計画や学習コンテンツを提示することや、スタディ・ログを蓄積していくことで、個人の特性や発達段階に応じた支援や、学習者と学習の場のマッチングをより高い精度で行うことなどが可能となる」(8頁)とされる。そして、大学、NPO、企業、地域などが提供する学校外の様々なプログラムを選んで学ぶことを支援し、個人の進度や能力、関心に応じた学びを提供する、「個別最適化された学びのまとめ役」（ラーニング・オーガナイザー）が、新たな公教育の役割だとされている。

3 『学び』の時代」は「脱学校」の時代なのか

こうした社会像や学校像の見通しについては図式的であるし論争的である。しかし、第四次産業革命期において、学校の役割や子どもたちの学びのあり方が、学校外の学びの場との関係で問われていることは間違いない。ただしそこには、「脱学校」（学校のスリム化と教育の市場化・商品化）と卒「学校」（学びの脱構築と公共性の再構築）といった競合する複数の方向性が見いだせる。

「学び」の時代とされる学校像は、１９７０年代に社会思想家のイリッチ（I. Illich）が提起した‘deschooling’論を思い起こさせる。イリッチは、制度化された学校がもたらす根源的な問題状況、すなわち、学びを維持するために制度化された学校教育であったのが、学校という制度自体に価値を見出すようになり、教えられなければ学べなくなることの問題を指摘する。そして、こうした価値の制度化によって自ら学ぶ力が疎外されていることに対して、学校制度を解体して、人々が自主的にそして平等に資源（事物、模範、仲間、年長者）と出会える自立共生の学習ネットワークを形成することを提唱した。

このイリッチの‘deschooling’論は、「脱学校」という名の学校スリム化論として理解されがちである。しかし、現在の学校をスリム化すれば子どもが自由に主体的に学ぶようになるというわけではない。イリイチの‘deschooling’論は、「学校化された社会」（教えられなければ学べないという疎外された特殊な学びの形態が学校の外側にも広がり自生的な学びを萎えさせていくこと）への問題提起であった。実際、近年の日本においては、学校の外側の子どもたちの生活空間は合理化・効率化・システム化されて、そのシステムの中で思考力や想像力を働かせなくても便利に生活できる。また、学校以外の学びの場も学校以上に「学校化」して、スキルは訓練しても人間的な成長を促せなくなっている。安易な「脱学校」論は、保護者をはじめとする大人たちがよほど気を付けていなければ、今や学校以上にむき出しの能力主義や競争主義に子どもをさらしかねないし、教育の商業主義的な市場化を進めかねない。さらに、ＩＣＴ活用も技術的な目新しさに眼が行くと、学びの質の追求よりもスマート化や効率化が勝りがちとなる。その結果、「学習」の時代から「学び」の時代へのバージョンアップと逆行し、「勉強」の時代への退行をもたらしかねない。「令和の日本型学校教育」で「個別最適化された学び」が「個別最適な学び」とされたのは、そこへの危惧もあるだろう。

「学び」の時代が目指しているような、真に子どもたちが主体的に学ぶ上では、「学校化された学び」「学校化された社会」を乗り越え、「非学校化」が目指される必要がある。すなわち、学校で教え学ぶ先に、授業や学校外の生活において立ち止まりや引っかかりや問いを生起させ、無自覚に社会に動かされている状況から、生活や学びの主体者として自立し、学校や教師や教育を学び超えていくこと（卒「学校」、卒「教育」）、いわば「問題提起、課題提起の場としての学校」、「学びへの導入としての授業」の役割が重要となるのである。

4 「考え抜き」と「学び超え」のある公正で質の高い学びへ

脱「勉強」から卒「学校」へという方向性を示してきたが、「主体的・対話的で深い学び」と「個別最適な学び」との関係をより明確にする上で、それぞれの根っこにあるメッセージ性や改革理念に着目する必要がある。「資質・能力」「主体的・対話的で深い学び」の追求の根本にあるのは、量から質（量的に知識を蓄積していく浅い学びよりも、それらを関連付けたり使いこなしたりしながら内容を学び深め、新たな知や価値の創出にもつなげていくこと）への重点移行である。他方、「個別最適な学び」の追求の根本にあるのは、形式的平等から公正（多様性の尊重と社会的に不利な子どもたちへの手厚さ）への重点移行である。学びの質をすべての子どもたちに保障しそれぞれの子どもたちの幸福追求（well-being）につなげる「公正で質の高い学び」の実現に、学校をはじめ、社会全体で取り組むことがめざされているのである。

(1) 「主体的・対話的で深い学び」と授業づくりの不易

脱「勉強」や質の追求を志向する「主体的・対話的で深い学び」の実現において、日本の良質の実践が大事にしてきた授業づくりの不易を確認することが有効だろう。

授業という営みは、教師と子ども、子どもと子どもの一般的なコミュニケーションではなく、教材を介した教師と子ども、子どもと子どものコミュニケーションである。学習者中心か教師中心か、教師が教えるか教えることを控えて学習者に任せるかといった二項対立の議論は、この授業という営みの本質的特徴を見落としている。

授業という営みの本質的特徴をふまえるなら、子どもたちがまなざしを共有しつつ教材と深く対話し、教科の世界に没入していく学び（その瞬間自ずと教師は子どもたちの視野や意識から消えたような状況になっている）が実現できているかを第一に吟味すべきである。教科学習としての質を追求することとアクティブ・ラーニングは対立的に捉えられがちだが、教科本来の魅力の追求の先に結果としてアクティブになる。教師主導は教師を付度する授業に、学習者主導は教材に向き合わない授業になりがちである。教師主導でも学習者主体でも、子どもを引き込み、成長を保障する授業は、教材を介して教師と子ども、子ども同士が向かい合い、ともに教材に挑む関係性になっている（子どもの成長を追究するとこうならざるを得ない地点）。

日本の伝統的なよい授業とされてきた「練り上げ」のある授業は、教師の想定する結論に導きがちでもあり、それに対しては、学習者にゆだね、学習者個々人、あるいは学習者同士で柔軟に学び合う学習形態面でのフレキシブルさを意識するとよいだろう。他方、新しい学びとして広がっている「学び合い」は、子どもの話し合いや活動はあっても、子どもを動かしているだけで学びがないこともしばしばあり、それに対しては、学習課題の質や発問によるゆさぶりを大事にするとよいだろう。

「材」を介してこそ子どもたちの間に対話や協働が生まれ、それを通じて、わかっていたつもりのことがゆさぶられたり、考え方が広がったり理解が深まったりする。さらに、そうした認識の深まりの先に、物事への興味・関心や世界に関わろうとする主体性が生まれ、自己のあり方の内省も促される。教材との出会いと没入を軸にしてこそ、「主体的・対話的で深い学び」は実現していくのである。「深く学ぶ」とは、「考え抜く」ことである。他者とともに深みのある材と向き合い、ともに対話し学び合うという条件があることで、思考は対象を失わず、関係の支えの下で、一人では至れない材の価値が発見される。それがさらなる思考を触発し没入へと誘うことで、問いと答えの間は長くなっていくのである。

(2)「個別最適な学び」と「学び超え」の仕掛けづくり

卒「学校」を展望する、「個別最適な学び」については、文具としての一人一台端末をはじめ、学習支援におけるICTの強みを生かしながら、一人一人を大事にする支援を充実させ、自律的な生涯学習者につなぐ仕掛けづくりが重要となる。「Society 5.0 に向けた人材育成」でも示されているように、ビッグデータから学ぶAIを生かしたICTが社会の中で実装されていくこと、それとパラレルに進行する社会におけるニーズの多様化を背景に、一斉一律よりも一人一人に応じることを求める声が大きくなっている。その声を現実のものとして、ICTも活用しながら、個々人の能力や興味・関心に適応した「快適な学び」「快適な教育」を提供する取り組みも学校内外において加速している。そして、学校という場での学びに限らず、その子が何をどう学んでいるか(学習ログ)に焦点化する、「学習歴社会」への志向性も強まっている。

こうして、個別化・個性化への機運は高まっているが、できる・できない、早い遅いという一元的で垂直的な差異のみに注目して、目標まで無限定に個別化することは、学びの孤立化や機械化が危惧される。それぞれの子どもの持ち味を尊重するという、多元的で水平的な差異に注目することが重要であるし、一人一人の個性は、共通の大きなゴールや題材をともにまなざしながら、他者とともに対話し学び合うことで確認・発見・承認され、磨かれ豊かになっていく。本来的に個性的な子どもたちの多様な背景をふまえながら(手段としての個別化)、対話的・協働的にともに学ぶことの先に、それぞれの生き方やつながりの幅を広げ、視座を上げ、関心・問題意識・志を育てて、より知的で文化的で公共的な個性へと誘う(目的としての個性化)。授業外、学校外において拡大する多様な学習の場を利用して自習できることも大事だが(狭い意味での自律的学習者)、学校内外の社会的活動に参加しながら自らの人生を紡いでいけること(広い意味での自律的学習者)、学校から巣立たせることが重要である。

教師や他の大人が手をかけなくても自分で、自分たちだけで学びを進めているように見えて、大人たちが設定した一定の枠内で、あるいは、自分の世界観の枠内に閉じた形での主体性になっているかもしれない。それは、学びの責任という名の大人にとって都合の良い従順な主体性であり、学び手自身にとっても、自分の嗜好や信念に閉じていく自己強化であり、既存の選択肢から選ぶ、あるいは選ばされる学びとなっているかもしれない。これに対して、学びの責任以上に、世界や社会への責任を大人たちとともに担っているという感覚、時に自らの価値観がゆさぶられる痛みや不快さを感じながらも、自分の視野の外の異質な物事や他者と出会い対話すること、既存の選択肢から選ぶことに止まらず、新しい可能性や選択肢を見出したりしながら、自己決定していくこと、そうした、「主体的な学び」に解消されない、自分たちが生きる世界や共同体をも他者とともに創り変えていくエージェンシーとしての「自治的な学び」が重要である。

「一人一人に応じた教育」については、個別化の発想で、一対一の手厚い個人指導を理想化することは危うい。少人数学級でクラスの子どもの数が少し減るからと言って、教師の目を常に行き届かせる、教師が救うという発想で考えるのではなく、教室空間にできた余裕を生かして、個人、ペア、グループなどのさまざまな形態を許容しつつ、フレキシブルな時間と空間において子どもたち同士の学び合いを組織することが重要である。たとえば、一人一台端末を活用すると、子どもたち一人一人の考えが一覧で見れるようになる。それを教師が把握して授業に生かすのではなく、考えを聞いてみたい子に聞きに行ってごらんといった促しをするなどして、教室内を子どもたちが動き回る、柔軟な交流や対話を仕組む、あるいは、子どもたち自身が対話をつなぐといったこともやりやすくなる。いわば机間指導からクラス全体での学びの組織化の仕事に子どもたちを参加させるわけである。

また、授業や単元が終わっても学びは終わらない。ＩＣＴは授業外に学びの空間（オンライン上の自主的グループやオンラインのもう一つの教室）を生み出しうる。授業とは別系統で、個々人の学校内外の生活を綴った日記や自主学習ノートや学級日誌において子どもたちの生活や興味・関心の個性的展開を見守り、時にクラスで共有しながら、授業での学び、および、授業外での学びや生活を豊かにしていくことはこれまでもなされてきた。こうした学びの空間の支援にＩＣＴを活用することは、子どもたちの「学び超え」の仕掛けづくりにつながるだろう。

5　対話的な学びを促進する説明的文章の「批評読みとその交流」

河野　順子（白百合女子大学）

1　なぜ「対話的な学び」が必要なのか

学びは、子どもから出発し、教室での他者との関わりを通して、再び子どもに返していくものである。授業では、子どもの側から子ども主体の学びが起こることが大切である。私は、子どもの側からの子ども主体の学びを「学習者が既に持っている知識を想起し、生きて働く力として子ども自らが再構成していくことのできる学習指導」と定義している(1)。

こうした考えのもとでは、子どもたちはどんな小さな子どもであっても既に既有の知識や経験を持っており、それを人・もの・こととの関わりを通して創り変えていく主体的な存在であるという捉え方をする。

「読む」ということ、「理解する」ということは、教材文に書かれてあることの意味を教え授けることではなく、既に子どもたちが持っている知識や経験をもとに教材文に出会っていくものである。子どもが既に持っている知識や経験をもとに教材に出会うからこそ、教材との対話が引き出されるのである。

佐藤学氏は、「学び」を「対象との対話的実践」「自己内の対話的実践」「他者との対話的実践」の三つの実践として捉えている(2)。

子どもたちの対話は、新たな教材に出会い、「対象との対話的実践」から始まるのであるが、この教材との対話が生成せずに学びへの意欲を失ってしまっている子どもたちがいる。こうした子どもたちへ向けて、説明的文章の学びでは、題材に関する既有の知識や経験を引き出したり、既習事項（説明的文章の構造や論理）を想起させたりすることによって、新たな教材に出会わせることが子どもの側からの教材との対話を生成する方略として大変重要である。ところが、こうした教材との対話が十分にできていないために、子どもの側からの学びが保障されていない場合が多いのである。

さて、こうして、子どもと教材との対話が生成し始めるのだが、子どもたちの既有の知識や経験は、子どもたちがどのように家庭生活や社会生活を体験し、学びを経験してきたかによって規制されている。個人だけでは限界がある。そこで、私とは異なる「他者との対話」が必要になる。

今日、学校現場では、「対話的な学び」という場合、この「他者との対話」のことを指していることが多い。しかし、新学習指導要領が求める深い学びを形成するためには、この対話の段階で止まっていてはいけない。

私とは異なる他者の考えに出会って、子どもたちの中に、「ええ？　そうなの？」「この根拠からこう考えるのか」「でも理由が自分と違うなあ。どうしてだろう？」と心の中にさざ波が起こり、認知的葛藤が引き起こされているからこそ、次なる対話の段階である「自己内対話」が生成していくのである。

この「自己内対話」まで引き起こされて、初めて「対話的な学び」と言える。そこでは、自らの既有の知識や見方・考え方を見つめ直し、問い直し、新たな知識や見方・考え方へと再構成することができる。まさに目指すべき対話はこうしたメタ認知的経験をともなった「自己内対話」の段階である。そのための方法として、私は「批評読みとその交流」という方法論を提唱している。以下で具体的に紹介していくことにしたい。

2 「筆者との対話」を生成する方略

まず、小学校三年生の学びを例に述べてみたい。この時期は学力差が大きくなり、学びから逃避する子どもが増えてくるので、特に学習上の配慮が必要である。

三年生の子どもたちが「すがたをかえる大豆」（国分牧衛）という説明的文章に出会うとする。そこで主体的な「教材との対話」を行うためには、「筆者との対話」が有効である。なぜなら、説明的文章は、筆者という一人の人間が題材（事実・事象）をある見方・考え方から切り取って考察し、その見方・考え方を効果的に読み手に伝えるために、論理や構造を工夫しているからである。

子どもたちは既に「大豆」についての知識を持っている。そのうえで、筆者の「大豆」に対する見方・考え方と出会う。そのとき自分の見方・考え方と異なっていると、「えっ、大豆がすがたを変えているの？」「どのようにすがたを変えているの？」「どうしてすがたを変えることが必要なの？」といった対話が引き起こされていく。

また、子どもたちの主体的な対話を引き出すために、既習事項を想起させることも大切である。

例えば、二年生で学んだ「おにごっこ」の説明文と比べさせると、「二年生のときに学んだ『おにごっこ』の説明文では、第一段落に『どんなあそびがあるのでしょう。なぜ、そのようなあそび方をするのでしょう。』という二つの問いがあって、そのあとの段落はこの問いについて、筆者が説明してくれていたけれども、今度の『すがたをかえる大豆』ではどんな問いが出されているのかなあ。そして、どのように説明されているのかなあ。」といった対話が生成していく。

このように、子どもたちの中に、何が書かれてあるかだけではなくて、どのように書かれているのかについての対話を生成させていくことが大切である。なぜなら、いかに書かれてあるかについて主体的に子どもが考えるからこそ、そこで、習得された書き方についての知識・技能がのちの教材に出会ったときの対話の原点となるからである。

さらに、子どもたちは「すがたをかえる大豆」には問いがないことに気づく。すると、「問いがないのはなぜだろうか？　では隠されている問いを考えてみよう。」というように、主体的な学びへと進展していく。

以上のように、学びにつながる教材との対話は、「何が書かれてあるか」だけではなく、「いかに書かれてあるか」に注目する対話である。こうした対話を引き起こす学びの方法として、私は「批評読みとその交流」という方略を提案している。

子どもたちの「筆者との対話」が深い学びにつながっていくには質の高い課題が子どもの側から生成されることが重要である。子どもたちにはないものが突き付けられるからこそ、子どもたちの中に対話が引き起こされるのである。

小学校中学年の説明的文章の指導目標の中心は、段落相互の関係を読み取ることである。この学びを子どもたちは苦手としていると考えている先生方は多い。しかし実際には、三年生以降の時期というのは、子どもたちは、段落相互の関係に大変興味・関心を持ち、おもしろがって考えていく傾向がある。

子どもたちは説明的文章の授業において、二年生になって構造を学ぶ。構造とは、説明的文章というのは「はじめ―なか―おわり」でできているという全体構造についての知識である。多くの場合、こうした知識を「型」として学ばせられてしまっている場合が多いので、中学年において段落相互の関係を捉える知識・技能が子どもの中に育っておらず、活用できないままでいる。こうした概念的な知識（宣言的知識）を「使える技能」（手続き的知識）として活用していくことが大切である。

三年生くらいになると、子どもたちに、「筆者はなぜ説明的文章を書くのだろう？」と尋ねると、「伝えたいことがあるから」と答える。そこで、「では、筆者が私たち読者に一番伝えたいことはどこに書いてあるかな？」と探させると、「一番最後」と答える。そのために、「はじめ」では、今から説明することについて課題提示をしているという既習事項を想起していく。このようにして、説明的文章の「はじめ」には、これから筆者が説明することについて提示し、これからどんな説明を私たちにしてくれるのか問いなどを出して示してくれる役割があり、「なか」でその問いに具体的に答えていって、「おわり」で一番伝えたいことをまとめるという段落構成の役割を確認させていきたい。

ここまで確認したあとで、「では、筆者は一番言いたいことを言うために、どのような工夫をしているの？」と尋ねたい。すると、子どもたちは、「例を出している」というように、これまでの学習を振り返って答えることができるはずである。（もし、答えることができなければ、こうしたことは、三年生段階で必要な知識・技能としてしっかりと定着するようにしたい。）

ここまでくると、「そうだね。言いたいことを言うために筆者は例を出しているね。では、『すがたをかえる大豆』ではここにある九つの例があります。筆者が一番言いたいこと、つまり「大豆のよいところに気づき、食事に取り入れてきた昔の人々のちえにおどろかされます。」ということを言うために、みんなが筆者だったら、この九つの例をどのような順番に入れますか？」と問いかけ、ワークシートにカードを並べさせる。(3) このときに子どもたちには自分だったらということを強調して考えさせるとよい。つまり、教材本文と出会う前に、カード並べの活動を通して、教科内容である段落相互の関係に関する子どもたちの既有知識を引き出すようにするのである。こうした活動を通して、子どもたちが既に持っている知識と新たな教材にある新たな知識とが出会うことによって、さまざまな教材との対話（疑問・葛藤・納得など）が行われるのである。

たとえば、「筆者はとうふの事例を第三番目の事例にしているけれども、第四番目がよいのではないだろうか？」というような問いが子どもたちから生み出される。このほかにも事例の順序に関する問いが子どもから必然的に出てくる。これがいかに書かれてあるかという「批評読み」に欠かせない問いとなる。

こうして教材固有の〈教科内容〉としての知識・技能に出会わせるような活動のもと、子どもの側から出てきた問いは質の高い課題として、単元全体を通した質の高い対話を生成する原点となる。

つまり、質の高い問いとは、その教材固有の〈教科内容〉につながるものであるということができる。

「すがたをかえる大豆」は、大豆が人間の知恵によっていろいろな形に変えられ、食生活を豊かにしているということを説明した文章である。そうした人間の知恵のすばらしさを説明するために、筆者は、人間による加工の工程を簡単なものから複雑なものへという順序性の論理によって展開した上で、人間の力以外の力を借りて大豆とは異なる食品を生み出しているという論理展開をとっている。したがって、こうした論理を捉える技能を習得・活用していくことのできる学びを実現するためには、教材との出会いにおいて、筆者の発想（ものの見方・考え方・述べ方）のすばらしさを実感しながら、そうした順序性の論理展開を読み取らなければならない。これが本教材を通して子どもたちに身につけさせたい〈教科内容〉と捉えることができる。

学びを子ども主体のものにするためには、こうした質の高い課題を教師が提示するのではなく、あたかも子どもたち自らが発見できたかのような活動が必要となる。

さらに、「筆者との対話」を深いものにするためには、既習事項としての知識・技能（説明的文章の読み方・述べ方）を形式的・画一的に他の教材にあてはめるだけでは不十分である。それを「いつ・なぜ使うのか」という「条件的知識」を働かせることが必要になってくる。(4)

これについて、小学校四年教材の「アップとルーズで伝える」を例に考えてみよう。

この教材に出会ったとき、子どもは次のような「筆者との対話」を始めるだろう。

〝今から新しい説明的文章を読み取っていくけれども、この説明文はこれまで読んだ説明文よりも複雑だなあ、どうやって読めばよいかなあ、そうだ、三年生のときに学んだ「すがたをかえる大豆」では、説明文は「はじめ」「なか」「おわり」の大きな構造でつかむと読み取りやすいと学んだのでその知識を使って、「はじめ」「なか」「おわり」の部分を捉えてみよう。これは捉えられそうだ。それから、「すがたをかえる大豆」では、「おわり」で筆者が一番読み手に伝えたいことを伝えるために、「なか」に事例が九つあったぞ。この説明文では、いくつの事例があるのだろう。しかも、「すがたを変える大豆」では、「なか」で読み手にわかるように伝えるために、事例の順序に工夫があったぞ。この説明文の論理展開はどのように工夫されているだろうか。あれ、順序というよりも「どうぶつの赤ちゃん」で勉強した比較の論理が使っているようだ。でも「どうぶつの赤ちゃん」とは違って、大きな比較の中に小さな比較がされているぞ、なぜだろう？〟

このように、これまで学んできた説明的文章の読み方・述べ方に関するメタ認知的知識（宣言的知識・手続き的知識）をもとに、新たな情報との間で対話（述べ方が既習教材と違うのはなぜか……）が引き起こされるのが特徴である。

深い対話とは、このような「条件的知識」が働いている状態ということができる。こうして、既に学んだ知識や技能が再構成され、新たな知識・技能が獲得されていくのである。

3 「自己内対話」を生成する「他者との対話」

子どもたちの交流を対話型にしたいと願っている先生方は多い。しかし、子どもがペアを作ったからといって、対話が形成されるとは限らない。私は熊本大学在職中に文部科学省指定の「論理科」の開発研究に携わった。このとき、全国大学国語教育学会理事長であった鶴田清司氏を何回も附属小学校に招いて講演や指導助言をいただき、他者との対話が成立するためには、論理的思考力・表現力が必要であることを実感した。

　そのために重要なツールとなるのが、「トゥルミン・モデル」を基盤理論とする「根拠・理由・主張の三点セット」である。[5]

　これは、説得力のある主張をするためには、その意味を解釈・推論することによって理由づけをすることが必要であるというものである。その根拠によってなぜその主張ができるのかを説明するのが理由づけの役目である。たとえば、「すがたを変える大豆」の「批評読み」では、筆者の事例のあげ方（事例の順序として最後に「もやし」をあげている）に賛成であると主張するときに、「私も花を育てたことがあるけど、日光に当てないで育てるということは全然なかったので、この順序の方が昔の人たちの知恵のすばらしさに読者がさらに驚くと思うからです。」というように理由を述べるのである。

　このように、「根拠・理由・主張の三点セット」が「トゥルミン・モデル」やいわゆる「三角ロジック」と異なるのは、「理由づけ」に子どもの生活経験を加えることによって具体的に述べることの重要性を指摘していることである。

　いろいろな学校の先生方から、対話を核にした交流のある授業を創りたいけれどもなかなか実現できないという悩みを打ち明けられることがある。授業を参観して気づくのは、主張だけ述べている子どもたちの姿である。国語の学びであるから、文や言葉、構造など根拠を押さえて自分の考えを述べることが大切であるが、根拠である言葉や文が押さえられないままに主張だけ述べている。これでは、他者との対話は起こらない。

　主張のみで発言している子どもたちには「どこからわかるの？」と根拠を問いかけたい。そのうえで、「なぜそう思うの？」と理由を考え合うような学びを形成していきたい。さらに、この理由づけに生活経験を引き出していくことが子どもの側からの学びづくりには欠かせない。このことが実際の授業研究を通して明らかになった。

「根拠・理由・主張の三点セット」は、「教材との対話」の段階から活用していくことが大切である。「教材との対話」が実現しない、意欲的に取り組めないという子どもたちも教材文に書かれてある根拠である言葉や論理展開と対話すればよいのだという方略を身につけ、そこに、「理由」として、既習教材で学んだこと、自分の既有の知識・経験と関連づけて読み取ればよいのだという方略を身につけていくと、切実な対話が生成し始めていく。

「根拠・理由・主張の三点セット」は、「教材との対話」「他者との対話」を通して「自己内対話」を貫く「対話」のある学びを形成する論理的思考ツールとして活用していただきたい。

注

（1）本論では、認知心理学の「読解は、読み手が文章を読み、既有知識を使って文章についての解釈を構成する活動である」という知見を導入して、知識の再構成に注目して「対話」を考える。

（2）佐藤学（一九九五）「学びの対話的実践へ」（佐伯胖・藤田英典・佐藤学編『学びへの誘い』東京大学出版会）

（3）河野順子（二〇一七）『質の高い対話で深い学びを引き出す小学校国語科「批評読みとその交流」の授業づくり』（明治図書）参照のこと。

（4）三宮真智子氏は、特に「方略」に関する「メタ認知的知識」として、①宣言的知識（どのような方略かについての知識）、②手続き的知識（いかに使うかについての知識）、③条件的知識（その方略をいつ・なぜ使うかについての知識）、からなることを述べている。とりわけ方略をワンパターンに適用するのではなく、それぞれの状況にあわせて柔軟に適用する熟達者になるためには条件的知識は重要であるとされている。国語科の読むことの授業でメタ認知の提案を行っている文献は、河野順子（二〇〇六）『〈対話〉による説明的文章の学習指導―メタ認知の内面化の理論提案を中心に―』（風間書房）、古賀洋一（二〇二〇）『説明的文章の読解方略指導研究―条件的知識の育成に着目して―』（溪水社）などを参照のこと。

（5）「根拠・理由・三点セット」の活用については、鶴田清司・河野順子（二〇一四）『論理的思考力・表現力を育てる言語活動のデザイン　小学校編』（明治図書）鶴田清司（二〇二〇）『教科の本質をふまえたコンピテンシー・ベースの国語科授業づくり』（明治図書）などを参照のこと。

『ことばの教育を問いなおす―国語・英語の現在と未来』（鳥飼玖美子・苅谷夏子・苅谷剛彦 著）

豊田　ひさき（朝日大学）

本書で苅谷夏子は、中学生の時、日本人にとって「空気みたいな国語力」を大村はまに鍛えられたと言う。どのように鍛えられたのか。

大村の仕事で重要なものは、「○○について考えてみよう」「主人公の気持ちが変化したとわかる個所を探してみよう」という漠然とした問いではない。考えるべきところで実際に考えを進めるために、その入り口に立たせるための問い。方向性を具体的かつ豊富に例示する。「たとえばこんな景色もある」と子どもの手を引くような「てびき」だ。そして子どもがことばに向かう時に、今自分が考えていること、感じていることを表すのに、この言葉が最適か、しっかりと伝わるか、表しきれないものがないか、余計なものまで表していないか等に目を向ける習慣だった。

「今日の話し合いはどうでしたか」という問いに対して、子どもはまず間違いなく「友だちの色々な意見を聞くことができて、よかった」と返答する。友だちのどの意見のどの部分を、どのように捉えた結果、「よかった」というのか、それは曖昧なまま。話し合えてよかった、という着地点が最初からあって、それをなぞっているだけ。このような状況を打ち破るために、大村はどうしたか。彼女が中学生に授けた知恵は、並べ、比べること。自分の経験や知っていることの中から、近いもの、どこかに共通点のあるもの、ふと思い出したもの、正反対のもの、全く関係のなさそうなもの……とにかく、並べて、比べてみる、すると考えるという行為にぐっと具体性が生まれる。この種の並べ、比べる行為は、対話的な授業で一層増幅されるのは明らかだろう。

たとえば、小学2年国語「スイミー」でいえば、谷川俊太郎は、スイミーが、海底を歩くロブスターに出会った場面を、「すいちゅうブルドーザーみたいないせえび」と翻訳している。原作を直訳すれば、「水力機械みたいに歩き回る」ロブスターである。原作と谷川訳を並べ、比べてみると、原作は、ロブスターの水中での独特な動きを巧みに表しているが、谷川訳では、動きよりはその重量感に目が向いているのではないか、というような対話ができよう。

教師の適切な「てびき」発問で子どもも一人ひとりに考えさせ、自分の意見を持たせ、「皆で発表しあい・聴きあい・磨きあう・そして振り返る」対話的な授業の展開を期待したい。

（ちくま新書、二〇一九年、税込九二四円）

『物語・小説「読み」の授業のための教材研究―「言葉による見方・考え方」を鍛える教材の研究―』（阿部昇 著）

鶴田　清司（都留文科大学）

阿部氏は、本書の「はじめに」で、「『深い学び』は深い教材研究なしには生まれない」と述べている。全く同感である。

最近、「アクティブ・ラーニング」の影響で、国語科でも言語活動を多く取り入れた授業が目立つようになった。しかし、見かけは活発でも、活動の質が低く、国語の力が育っていないケースが少なくない。その根本的な原因は教師の教材研究の貧しさにある。授業案を見ても、肝心の教材解釈（教師の読み）がほとんど書かれていない。これでは表層的な授業になるのも必然である。新学習指導要領で言われる「主体的・対話的で深い学び」の実現のためには教材研究の充実が不可欠である。こうした状況のもとで、本書の刊行は時宜を得たものになっている。

本書では、「スイミー」「お手紙」「一つの花」「大造じいさんとガン」「海の命」「少年の日の思い出」「字のない葉書」「故郷」という小・中学校の定番教材をめぐって詳しい教材研究が展開されている。単なる教材研究ではなく、実際の授業過程・方法も含み込んでいるので、明日の授業づくりに大いに役立つ。

それぞれの教材研究では、「構造よみ」「形象よみ」「吟味よみ」という阿部氏の指導過程・方法論に沿って、綿密な教材分析が展開されている。

こうした教材分析に裏打ちされた授業では、子どもたちが自分の読み（考え）をしっかりと持ち、他者の読み（考え）との異同（共通点・相違点）を明確に意識してグループ討議や全体討議に臨めるため、（教師の授業力量にもよるが）「主体的・対話的で深い学び」が生成していくことになる。

個人的には、「お手紙」の七つの「謎」をめぐる見解や「故郷」の宇佐美寛氏への反論が興味深かった。

あえて注文を付けるとすると、「言葉による見方・考え方」という用語に関連して、「『読む方法』が、国語科の高次の教科内容としての『言葉による見方・考え方』である」（四頁）と述べている点である。この用語のあいまいさ・不明確さに悩む現場の先生方に方向性を示すという意図によるものだろうが、少し無理があるように感じる。

なお、本書には姉妹編として『増補改訂版 国語力をつける物語・小説の「読み」の授業―「言葉による見方・考え方」を鍛えるあたらしい授業の提案―』（二〇二〇年、明治図書）もある。あわせてお読みいただきたい。

（明治図書、二〇一九年、税込二七〇六円）

『対話の中の学びと成長』（佐藤公治 著）

藤原　顕（福山市立大学）

〝国語の授業で「対話的な学び」を最大限に生かす〟ためには、そもそも「対話」とは何なのか、根本的な理解が必要となろう。そうした理解の手掛かりを与えてくれるのが、本書『対話の中の学びと成長』である。

著者である佐藤公治氏の専門は発達や学習に関わる心理学研究ではあるものの、本書では多様な研究領域の対話を巡った議論が検討され、次のような主張がなされている。すなわち、「対話」を情報「交換」や情報「収集」の「手段」と捉えること、さらには他者を「情報の発信源としか考えない」ことは「間違ったとらえ方」だという主張である。

では、対話は、とりわけ人間の発達や学習と関わって、どのように捉えられるべきなのか。この点に関わって本書で着目したいのは、M・バフチンの対話論などに基づいて議論されている「アプロプリエーション」という概念である。

「アプロプリエーション」は、基本的には、人間が知識や技能を我がものとしていく過程を意味する。ただし、そうした過程においては、他者とのコミュニケーションが不可欠であり、そこでは自他の考えの間で生じる葛藤に向き合い、それらの調停や接合などを試みる必要がある、と見なすのがこの概念の要点と言える。

例えば、国語の授業の話し合いで、子どもが自分と異なった考えに出会った場合、なぜ異なるのか、異なっていてもどこか自分の考えに活かせないか、と考えることがあろう。また、同じ考えの場合でも、根拠や理由まで同じか、似ていてもどこかに違いはないか、と考えることはできよう。

このような「アプロプリエーション」の過程では「なかば自己のことばでもあり、なかば他者のことばでもある」状態で、自分の考えが練られていることになる。それは、「他者に関わるということ」で「自己を明らかにする」過程である一方、「他者のわからなさを引きずったまま」の「完結されることのない」状態でもあり得る。

「自己と他者のことばの間の絶えざる緊張した相互作用」である「アプロプリエーション」という観点から対話を捉え、「他者のことばが自分のもの＝意識になっていく」過程こそが分かることだとする見方を提示する本書は、対話について考えるための必読の書と言えよう。

（金子書房、一九九九年、税込二二〇〇円）

『アクティブ・ラーニングとはなにか』（渡部淳 著）

川地 亜弥子（神戸大学）

授業のスタイルは「日本の民主主義の帰趨に関わる」という問題提起の書である。私はこれまで形式的なアクティブ・ラーニングを批判してきたのだが、こうした取り組みならばぜひやってみたい、という事例がふんだんに盛り込まれている。

とりわけドラマワークでは、文学作品の登場人物など、自分ではない何かになって学ぶことを通じて、「フィクションの世界と現実の世界を往還」し、身体や五感も駆使して学ぶことで「学びの全身化」「学びの共同化」を実現することを目指している。あえて学習指導要領の言葉を使うならば、主体的で深い学びと対話的な学びを切り離さないことによって、より深い参加と対話—それによって他者と共に生き、学ぶことの意義が実感される—の実現を目指すところに本書の醍醐味がある。

事例は国語科に限定されず、多様な教科・領域のものが紹介されている。国語科としては、山月記（中島敦）におけるホット・シーティング（ホット・シートに座った人が、ある登場人物（ときにはモノ）や動物になって、周囲の人々の質問に答える）の事例が興味深い。

ホット・シートに座った生徒Aさんの、李徴を生きようとするかのような姿。他の生徒からの「ほんの一度だけ、人間に戻ることができたら、あなたは何がしたいですか?」の問いに、Aさんは、じっと考え、「詩を、詩を書きたいです、発表したいです……」と答えた。詩作こそが我がアイデンティティという李徴に、クラスからため息が聞こえたという。教材の中での登場人物の対話が、教室のなかでの対話へと、深められていく。生徒からの「さいごに、あなたが、私たちに姿を見せて二声三声咆哮しましたが、その声を、人間の言葉で聞かせてください」の問いに、Aさんがどう答えたかは、ぜひ本書を読んでほしい。

本書を紹介した理由はもう一つ。国語の授業は日本語の理解に困難がない人にしか楽しめないのだろうか、という問いへのヒントも豊富だからである。安心して表現できる空間を共に作り、自分が分かることと、他者に伝わることのギャップに気づき、互恵的関係を気づきながら、積極的に参加・対話していくこと。多様な他者とともに民主主義の運用を学ぶ、そうした知見が豊富に含まれている。

（岩波新書、二〇二〇年、税込八八〇円）

『考えるとはどういうことか　0歳から100歳までの哲学入門』（梶谷真司 著）

岩崎　成寿（立命館守山中学校・高等学校）

本書は、「哲学対話」の理念と実践方法を述べており、「国語の授業」には直接関係がないが、「対話的学び」のあり方を考える上では大いに参考になる。

「哲学対話」とは、「五人から二〇人くらいで輪になって座り、一つのテーマについて、自由に話をしながら、いっしょに考えていく」話しあいの形態である。参加者は、例えば「なぜ学校に行くのか」「お金で買えないものは何か」等について、交互に自分の意見を述べていく、ただそれだけである。

筆者の実践によると、「対話をしている時、多くの人は大人も子どもも楽しそうに目を輝かせ、〔中略〕とても満ち足りた表情を見せる」という。東京大学で哲学を教える筆者が、哲学対話を通じて、「『考える』ということがどういうことか、人に問い、語り、人の話を聞くということがどういうことか、私自身、はじめて分かった気がした」と述べるほどである。

その背景の一つに、日本の学校教育の問題があるとされる。「学校では、質問なるものは基本的に歓迎されず、許されている質問もきわめて限られている。問うことを学ばないところでは、考えることも学べるはずがない。それどころか、問うことを封じ、問わないほうがいいということを学ぶなら、結局学校では『考えないこと』を学んでいるのだ。」基本的には同感である。

本書には、「対話的な学び」が成功しているかどうかを測るヒントが示されていると読んだ。私見だが、重要なことは、授業を通じて考えたり話しあったりすることが楽しいと思え、子どもが自らすすんで本を読んだり調べたりするようになること、いわば探究するようになることではないか。

「重要なのはむしろ、対話が終わった後である。本当の対話は、そこから始まる。〔中略〕いわば自分の中の他者が増えている。いろんな考え方ができるようになって、普段の考える力＝問う力も増している。」

本書を知ったのは、「キセキの高校」という連載記事である（「日経」二〇一九年五月十三日〜十七日）。東京のある都立高校が筆者を招き、哲学対話の実践を導入したところ、生徒の学ぶ意欲を喚起し、大学進学者が皆無であった状態から有名私大や国公立大学進学者が相次いだ、という話である。あわせて参考にされたい。

（幻冬舎新書、二〇一八年、税込九二四円）

『物語の「読み」の授業と教材研究』（「読み」の授業研究会・関西サークル 著）

小林　信次（元日本福祉大学）

今後の教育改革では、「個別最適な学び」と「協働的な学び」が目ざされている。学習の学びとしては「個別化」も「協働化」も重要である。この点、読み研には蓄積がある。

この著は、「読み」の授業研究会・関西サークルの十年以上にわたる活動を通して行ってきた研究の蓄積でできあがったものである。小学校国語の物語の「言葉による見方・考え方を鍛える」という点に焦点が絞られていて現場に最適の著作として注目される。

「物語の読みの指導は難しい」「教材でどんな力をつけるのかわかりにくい」という声に応えるように組み立てられている。読み方の基礎・基本について九つの観点からの新しい提案である。

・人物（登場人物）を読む・場と時を読む・場面分け・構造を読む・形象を読む・表現技法を読む・語り手（話者）と視点・主題（テーマ）・あらすじを読む・吟味・評価

これらは、理論と実践に即しながらも、指導の系統性を重視した提案になっている。

系統性という観点から、すべての章で「低学年」「中学年」「高学年」への説明がされている。例えば、「表現技法を読む」では、低学年では、技法は普通の言い方と異なることを理解できる。中学年では、技法の名前を少しずつ覚え、普通の言い方と比べて考える。高学年では、技法の名前を理解し、どんな効果があるのか直喩隠喩との違いなど表現の効果の違いを考える。これは一例であるが具体的である。

系統的に指導することが読みの力につながる。この著は、「深い学び」、子ども主体の学びへの道筋が細かく提案されている。二章では、実践編、教材分析の事例が紹介されている。

低学年「大きなかぶ」「かさこじぞう」。中学年「モチモチの木」「一つの花」。高学年「太造じいさんとガン」「やまなし」など、新教科書にも対応している。教材研究から発問も工夫されている。例えば「ごんぎつね」では、言葉による見方・考え方を鍛える発問アイディアが豊かである。「個別化」とあわせた「共同」の学びのヒントが工夫されている。若い教師、国語の物語の読みを課題にしている教師にとっての好著である。

（明治図書、二〇一九年、税込二九二六円）

「やまなし」（宮沢賢治）の教材研究―ここがポイント

熊谷　尚（秋田県秋田市立牛島小学校）

宮沢賢治が生前に刊行した唯一の童話集として『注文の多い料理店』（一九二四年）がよく知られている。しかし、「やまなし」は、それには収録されていない。「やまなし」は、その前年に賢治の地元の新聞に掲載された作品である。数少ない生前発表作の一つであり、賢治独特の世界観を優れた描写で描き出した短編として高く評価されている。

光村図書出版の小学6年生の国語教科書に長年にわたって掲載され、教材としての認知度は高いが、その一方で、「何をどう読ませたらよいのかわからない」などといった声も聞かれ、いわゆる難教材の一つに数えられている。

1　構成・構造をよむ

（1）額縁型の作品構造

導入部や終結部を物語の外枠として、その内側に別の物語を埋め込んでいく入れ子構造の物語を「枠物語」「額縁小説」などと呼ぶことがあるが、「やまなし」も、それに類する作品構造をもっている。冒頭の一文と、末尾の一文との間に挟まれる形で、「一　五月」と「二　十二月」の二つの場面が位置付けられている。冒頭の一文では、「小さな谷川の底」という「場」の設定がなされる。「二枚の青い幻灯」は、言うまでもなく「一　五月」と「二　十二月」の二つの場面のことを指している。「幻灯」という設定により、読者は、ファンタジックな物語の世界へと誘われていく。末尾の一文では、「私」という語り手の存在が明示される。それまで語ってきた「二枚の青い幻灯」は、「私の幻灯」である、つまり、「私」がつくり出した物語の世界であることを、語り手自身が読者に明かして終わる、という仕掛けになっている。

額縁型の作品構造であることは、「やまなし」の大きな特色の一つであるが、冒頭と末尾の一文がなくても、物語としては十分に成立する。「もし冒頭と末尾の一文がなかったとしたら、何がどう違ってくるだろうか」という問いは、作品の吟味・批評の切り口の一つとして有効である。

(2) クライマックスはどこか

「一　五月」と「二　十二月」の二つの場面は、それぞれが「導入」「展開」「山場」「終結」の四部構造で描かれていると見ることができる。通常であれば、クライマックスは一か所であるが、「やまなし」の場合は、二つの場面それぞれにクライマックスがあると見て、それがどこであるかを考えていくこととする。

まず、「一　五月」である。かにの兄弟は、クラムボンのことや魚のことを話題に会話を楽しんでいる。すると突然、「青光りのまるでぎらぎらする鉄砲だまのようなものが、いきなり飛びこんで」くる。平穏な日常を一変させる非日常の出来事＝事件の発生である。さっきまで行ったり来たりしていた魚の姿も見えない。「おかしなもの」は何者なのか。魚はどこへ行ったのか。恐怖に怯える子どもたちに、お父さんのかにには、「かわせみ」のことや、魚が「こわい所へ行った」ことを教え諭す。

「事件がそこで決定的となる」というクライマックスの第一の指標に照らし、次の箇所を「一　五月」のクライマックスと考えた。

「一　五月」のクライマックス

「お父さん、お魚はどこへ行ったの。」
「魚かい。魚はこわい所へ行った。」
「こわいよ、お父さん。」

「発端」は、かわせみの餌食となる魚が登場する「つうと銀の色の腹をひるがえして……」とし、「山場の始まり」は、かわせみが到来する「そのときです。」とした。

次に、「二　十二月」である。かにの兄弟は、吐き出すあわの大きさを競い合い、今にも兄弟喧嘩に発展しそうな勢いである。すると、お父さんのかにが出てきて、「もうねろねろ。おそいぞ。……」と、二人を諌める。これもまた、よくある日常のひとこまだが、その状況を一変させる事件が再び発生する。今度は、「黒い丸い大きなもの」が落ちて来たのである。子どものかにたちは、またかわせみが来たのではないかと怯えるが、お父さんのかには、「そうじゃない。あれはやまなしだ。……ついていってみよう。……」と言う。

「一　五月」と同様に、事件が決定的となる次の箇所を「二　十二月」のクライマックスと考えた。

> **「二　十二月」のクライマックス**
>
> 「どうだ、やっぱりやまなしだよ。よく熟している。いいにおいだろう。」
> 「おいしそうだね、お父さん。」
> 「待て待て。もう二日ばかり待つとね、こいつは下へしずんでくる。それから、ひとりでにおいしいお酒ができるから。さあ、もう帰ってねよう。おいで。」

「発端」は、弟を煽るような兄の台詞「やっぱり、ぼくのあわは大きいね。」とし、「山場の始まり」は、やまなしが落下する「そのとき、トブン。」とした。

二つの場面それぞれにクライマックスがあるのだが、物語全体を通して読んだとき、より重要度が高いのは「二　十二月」の方である。クライマックスを一つに絞るとしたら、「二　十二月」のクライマックスということになる。題名が「やまなし」であることからも、そこに異論はないものと考える。「二　十二月」のクライマックスの部分は、「やまなし」という作品の主題により強く関わる内容を含んでいる。それについては、後で再び触れる。

「やまなし」の構成・構造表は次頁のとおりである。

2　「一　五月」の形象をよむ

(1)　魚とクラムボンの関係

かにの兄弟の会話に登場する「クラムボン」は、教科書の註に「作者が作った言葉。意味はよく分からない。」とあるように、多くの研究者が諸説を唱えているが、その実体は未だに解明されていない。しかし、子どもたちは、クラムボンの正体について謎解きをしたがるであろう。その際は、テキストを置き去りにして、思い付きや決め手のない答えの羅列に終始しないよう十分に気を付けたい。そのためには、文脈に沿って魚とクラムボンの関係を丁寧に読みとらせることが大切である。

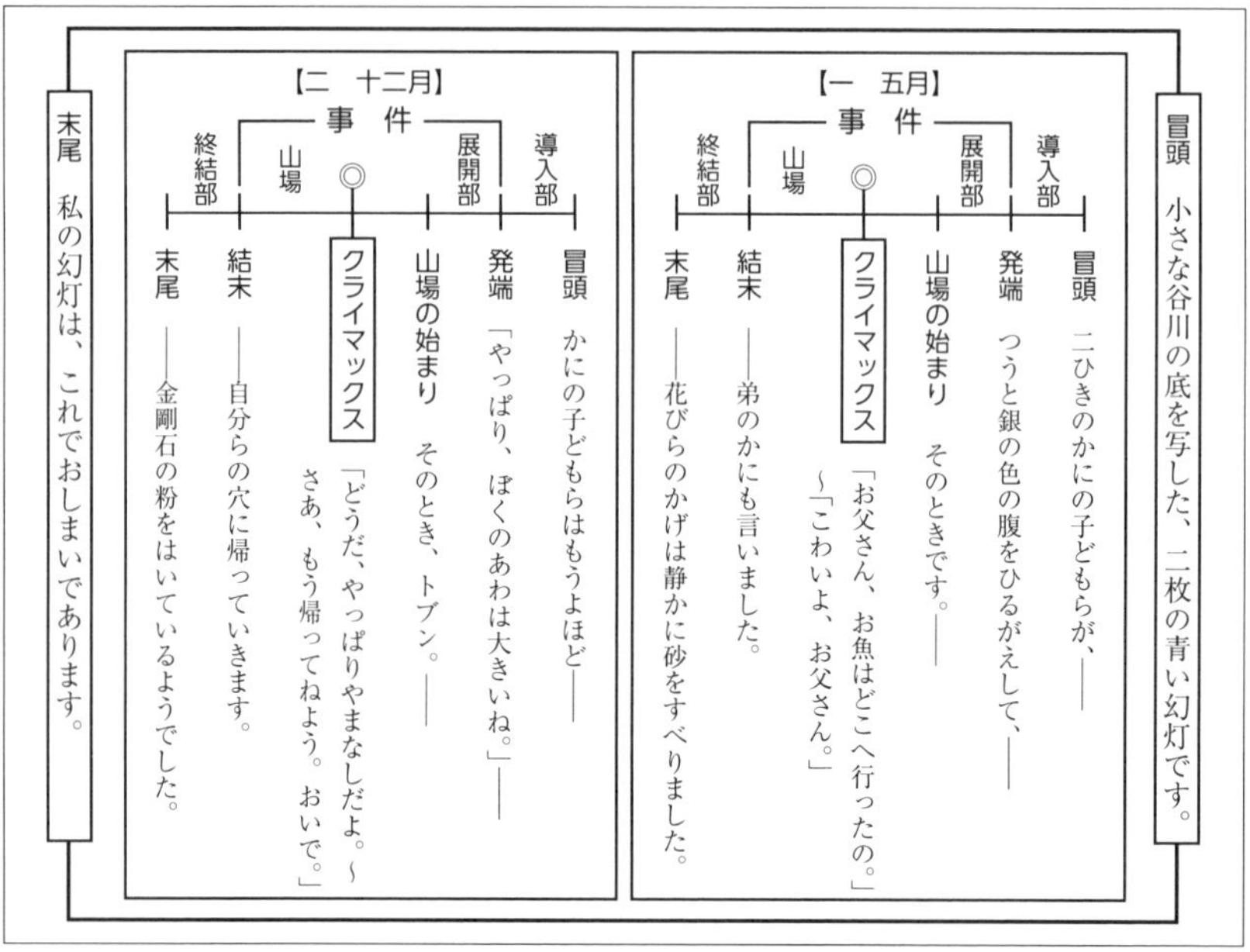

（魚が出てくる前）

「クラムボンは　かぷかぷ笑ったよ。」

「クラムボンは　はねて笑ったよ。」

↓

　つうと銀の色の腹をひるがえして、一ぴきの魚が頭の上を過ぎていきました。

「クラムボンは　死んだよ。」

「クラムボンは　殺されたよ。」

↓

　魚がまたつうともどって、下の方へ行きました。

「クラムボンは　笑ったよ。」

「笑った。」


　魚が谷川を行ったり来たりする動きによって、クラムボンの様子が変化していることが読みとれる。また、魚が川下へ下った後には、「にわかにぱっと明るくなり、日光の黄金は、夢のように水の中に降ってきました。」という情景描写があり、再度川上へ上ってくると、「魚が、今度はそこら中の黄金の光をまるっきりくちゃくちゃにして」しまうという描写がある。さらに、「おまけに自分は鉄色に変に底光りして」という不穏な雰囲気を漂わせる描写も見られる。

「お魚は、なぜああ行ったり来たりするの。」／弟のかにが、まぶしそうに目を動かしながらたずねました。／「何か悪いことをしてるんだよ。取ってるんだよ。」

兄のかには、魚が「悪いことをしてる」「取ってる」、つまり、魚が捕食のために谷川を行ったり来たりしているということに薄々感づいているようだ。ここまで読み取ってくると、魚はクラムボンを食べている、クラムボンは、一匹ではなく無数にいる、などという考えが子どもから出てくるだろう。魚とクラムボンは、「食う・食われるの関係」にあるのではないかという読みは、文脈上可能である。ただし、魚が取っているのはクラムボンであるとは言い切れない側面があることも確かである。

(2) かわせみと魚の関係

谷川を我が物顔で動き回っていた魚。その魚の命が一瞬のうちに奪われてしまう、予期せぬことが起こる。

にわかに天井に白いあわが立って、青光りのまるでぎらぎらする鉄砲だまのようなものが、いきなり飛びこんできました。／兄さんのかには、はっきりとその青いものの先が、コンパスのように黒くとがっているのも見ました。と思ううちに、魚の白い腹がぎらっと光って一ぺんひるがえり、上のほうへ上ったようでしたが、それっきりもう青いものも魚の形も見えず、光の黄金のあみはゆらゆらゆれ、あわはつぶつぶ流れました。

ほんの数秒の出来事が何行にもわたって描かれている。描写性の高い部分には特に重要な形象が含まれているので、一語一句にこだわって丁寧に読みとらせたい。

かにの兄弟の会話は、突然遮られた。「にわかに」「いきなり」の副詞、「飛びこんできました」の複合語などが、予期せぬ出来事の発生を強調している。

「青光り」「ぎらぎら」「鉄砲だまのようなもの」と畳みかけるように表現し、飛びこんできたものがいかに素早くて、恐ろしい存在であるかを強調している。さらに、かわせみのくちばしを「コンパスのように黒くとがっている」と表現している。「黒」には、悪のイメージがある。

兄のかにには、「青いもの」が悪の存在に映ったことを表している。「鉄砲だまのような」や「コンパスのように」などの直喩表現を効果的に用いることにより、飛びこんできたもの＝かわせみの非日常性、異質性、意外性といったものを読み手に強く印象付けている。

お父さんのかにには、「魚かい。魚はこわい所へ行った。」と、魚がかわせみに食べられてしまったことを子どものかにたちに婉曲に伝えている。クラムボンと魚がそうであったように、かわせみと魚もまた、「食う・食われるの関係」にあることが読みとれる。

3 「二　十二月」の形象をよむ

(1) すっかり変わった底の景色

「二　十二月」の形象は、「一　五月」と対比させることで、その意味するところをより深く読みとることができる。

白いやわらかな丸石も転がってき、小さなきりの形の水晶のつぶや金雲母のかけらも、流れてきて止まりました。／その冷たい水の底まで、ラムネのびんの月光がいっぱいにすき通り、天井では、波が青白い火を燃やしたり消したりしているよう。

「青く暗く鋼のよう」だった景色は、夏から秋の間にすっかり変わった。「つぶつぶ暗いあわ」は、もう流れていない。クラムボンや魚などの生き物は登場せず、代わりに丸石、水晶、金雲母などの鉱物が流れている。そして、「ラムネのびんの月光」（隠喩）が水の底までいっぱいにすき通っている。さらに、「青白い火」のような波は、クラマックスの寸前では「青いほのお」という表現に変わり、やまなしの上には「月光のにじ」（五月の「日光の黄金」と対をなす隠喩）が、もかもかと集まっている。昼なのに暗い雰囲気だった五月に対し、十二月は、夜なのにとても明るい雰囲気に満ちている。

(2) あわの大きさ比べが意味するもの

十二月は、かにの兄弟があわの大きさ比べをしているのどかな光景が描かれている。五月の頃に比べ、兄弟の会話は、その語彙や表現がとても豊かになっており、二人の成長が感じられる。特に弟の方は、兄への対抗心が芽生え、幼児期の後半に差し掛かったような印象がある。二人のあわの大きさ比べは、次第にエスカレートしていき、最後は弟が泣きそうになる。他愛もない兄弟喧嘩をあえて描くことに、一体どんな意味があるのだろうか。

相手に勝ちたいという自己顕示欲の現れは、成長の一端である。しかし、相手の上に立とうとするための競い合いは、時に争いの種となる。その争いは、たいがい何の生産性もない無駄なもので終わる。五月に描かれた「食うか食われるか」の争いとは、質が異なる。それは、残酷ではあるが、生きるためには必要な争いである。「あわの大きさ比べ」は、「無意味な争い」のメタファーなのかもしれない。

（3）「やまなし」がもたらしたもの—主題に迫る

> そのとき、トブン。
> 黒い丸い大きなものが、天井から落ちてずうっとしずんで、また上へ上っていきました。

この物語には、作者ならではのオノマトペが数多く使用されているが、「トブン」はその中でも最も特徴的な表現である。「ドブン」などと比べ読みをして、その表現の妙を十分に味わわせたい。「きらきらっと黄金のぶちが光りました。」は、輝かしいもの、貴重なもの、尊いものの到来を形容している。

魚を取って食うために、かわせみが「にわかに」「いきなり」飛び込んで来たのとは、明らかに対照的である。兄との競争のあげく、弟のかにが泣きそうになったそのとき、やまなしは落ちて来た。弟をなぐさめ、もう喧嘩はよしなさい、と諭すかのように。それはまた、生き物たちの争いが絶えない谷川の世界への警告だったのかもしれない。

> 「そうじゃない。あれはやまなしだ。流れていくぞ。ついていってみよう。ああ、いいにおいだな。」（中略）三びきは、ぼかぼか流れていくやまなしの後を追いました。／その横歩きと、底の黒い三つのかげ法師が、合わせて六つ、おどるようにして、やまなしの円いかげを追いました。

やまなしの後を追うかにの親子の様子が、繰り返し表現されている。「おどるように」は、五月の「居すくまってしまいました」との対比である。かにの親子の期待感、幸福感がよく伝わってくる。

かわせみは、谷川に飛び込んで来て、魚を連れ去った。自らが生きるために他の命を奪ったのである。それに対してやまなしは、かにの兄弟の争いの最中に落ちて来てその争いを鎮め、谷川をいい匂いでいっぱいにした。木から落下することは、やまなしにとっては生命の終焉を意味する。しかし、それによってかにの親子を喜ばせ、谷川の世界に幸福をもたらしたのである。

「待て待て。もう二日ばかり待つとね、こいつは下へしずんでくる。それから、ひとりでにおいしいお酒ができるから。……」

「ひとりでに」は、誰にも頼らず、他に施しを与えるやまなしの姿を表している。それは一言で言えば、「献身」である。「一身を捧げ尽くすこと。自己の利益を顧みないで力を尽くすこと。自己犠牲。」（広辞苑より）である。賢治の理想の生き方、そして理想郷・イーハトーヴの世界観。「私の幻灯」で描こうとしたのは、まさにそれらだったのではないだろうか。

「一　五月」があるからこそ、「二　十二月」を読んだとき、やまなし落下のクライマックスのシーンがより印象的に読み手の心に迫ってくるのである。「『やまなし』という題名なのだから、十二月の場面だけでよかったのではないか。」という揺さぶりは、二つの場面が対比的に描かれている本作品の特色を吟味・批評する際の糸口となり得るだろう。

参考文献

阿部昇『国語力をつける物語・小説の「読み」の授業―PISA読解力を超えるあたらしい授業の提案』二〇一五年、明治図書

山口憲明『文学の授業5　やまなし　教材分析と全発問』二〇一三年、本の泉社

白石範孝『白石範孝集大成の授業「やまなし」全時間・全板書』二〇一六年、東洋館出版社

【編集委員紹介】

阿部　　昇（あべ　のぼる）〔編集委員長〕
秋田大学大学院教育学研究科特別教授、秋田大学名誉教授、東京未来大学特任教授。「読み」の授業研究会代表。日本教育方法学会常任理事、全国大学国語教育学会理事、日本 NIE 学会理事。
〈主要著書〉『増補改訂版 国語力をつける物語・小説の「読み」の授業―「言葉による見方・考え方」を鍛えるあたらしい授業の提案』『物語・小説「読み」の授業のための教材研究―「言葉による見方・考え方」を鍛える教材の探究』『読解力を鍛える古典の「読み」の授業―徒然草・枕草子・平家物語・源氏物語を読み拓く』『文章吟味力を鍛える―教科書・メディア・総合の吟味』『アクティブ・ラーニングを生かした探究型の授業づくり―主体・協働・対話で深い学びを実現する』以上、明治図書、『あたらしい国語科指導法・六訂版』［編著］学文社、他。

鈴野　高志（すずの　たかし）
茗溪学園中学校高等学校教諭。「読み」の授業研究会事務局次長。
〈主要著書〉『国語の本質がわかる授業②ことばと作文』［編著］『国語の本質がわかる授業④文学作品の読み方Ⅱ』［編著］以上、日本標準、他。

髙橋　喜代治（たかはし　きよじ）
成蹊大学非常勤講師。「読み」の授業研究会運営委員。
〈主要著書〉『続・耕地の子どもの暮らしと遊び』『耕地の子どもの暮らしと遊び』ブイツーソリューション、『教科の本質がわかる授業⑥説明文の読み方』［編著］日本標準、『国語力をつける説明文・論説文の「読み」の授業』［編著］明治図書、他。

永橋　和行（ながはし　かずゆき）
立命館小学校教諭、大阪大学非常勤講師。「読み」の授業研究会事務局長。
〈主要著書〉『小学校国語科「言葉による見方・考え方」を鍛える物語の「読み」の授業と教材研究』［編著］『教材研究の定説化「おこりじぞう」の読み方指導』『教材研究の定説化「お母さんの木」の読み方指導』［共著］『総合的学習の基礎づくり３「学び方を学ぶ」小学校高学年編』［共著］以上、明治図書、他。

国語授業の改革20
国語の授業で「対話的な学び」を最大限に生かす
――対話的な学びこそが「深い学び」を生み「言葉による見方・考え方」を育てる

2021年８月25日　第１版第１刷発行

「読み」の授業研究会［編］
（編集委員：阿部昇／鈴野高志／髙橋喜代治／永橋和行）

発行者　田　中　千津子
発行所　株式会社　学　文　社

〒153-0064　東京都目黒区下目黒３-６-１
電　話　03（3715）1501㈹
ＦＡＸ　03（3715）2512
振　替　00130-9-98842
https://www.gakubunsha.co.jp

印刷　新灯印刷㈱

ISBN 978-4-7620-3104-5

「読み」の授業研究会 編

〈国語授業の改革シリーズ〉

13 **若い教師のための「言語活動」を生かした国語の授業・徹底入門**
「ねらい」の決め方、教材研究のコツ、授業展開のポイント
ISBN978-4-7620-2394-1

14 **授業で子どもに必ず身につけさせたい「国語の力」**
教科内容・指導事項の再構築と「言語活動」を生かした楽しい授業
ISBN978-4-7620-2472-6

15 **国語科の「言語活動」を徹底追究する**
学び合い、学習集団、アクティブ・ラーニングとしての言語活動
ISBN978-4-7620-2568-6

16 **「アクティブ・ラーニング」を生かしたあたらしい「読み」の授業**
「学習集団」「探究型」を重視して質の高い国語力を身につける
ISBN978-4-7620-2669-0

17 **国語の授業で「主体的・対話的で深い学び」をどう実現するか**
新学習指導要領 2017 の改訂を読み解く
ISBN978-4-7620-2733-8

18 **国語の授業で「深い学び」をどう実現していくか**
「言葉による見方・考え方」の解明と教材研究の深化
ISBN978-4-7620-2828-1

19 **国語の授業で「言葉による見方・考え方」をどう鍛えるのか**
「主体的・対話的で深い学び」の実現をめざして
ISBN978-4-7620-2924-0

各巻　Ａ５判＊192頁
価格　定価2530円（本体2300円＋税10％）